CONFLITOS FEDERATIVOS
ESPERANÇAS E FRUSTRAÇÕES – EM BUSCA DE NOVOS CAMINHOS PARA A SOLUÇÃO

FERNANDO REZENDE

CONFLITOS FEDERATIVOS
ESPERANÇAS E FRUSTRAÇÕES – EM BUSCA DE NOVOS CAMINHOS PARA A SOLUÇÃO

1

Belo Horizonte

2016

Coodenador da coleção
Edilberto Carlos Pontes Lima

© 2016 Editora Fórum Ltda.

É proibida a reprodução total ou parcial desta obra, por qualquer meio eletrônico, inclusive por processos xerográficos, sem autorização expressa do Editor.

Conselho Editorial

Adilson Abreu Dallari
Alécia Paolucci Nogueira Bicalho
Alexandre Coutinho Pagliarini
André Ramos Tavares
Carlos Ayres Britto
Carlos Mário da Silva Velloso
Cármen Lúcia Antunes Rocha
Cesar Augusto Guimarães Pereira
Clovis Beznos
Cristiana Fortini
Dinorá Adelaide Musetti Grotti
Diogo de Figueiredo Moreira Neto
Egon Bockmann Moreira
Emerson Gabardo
Fabrício Motta
Fernando Rossi

Flávio Henrique Unes Pereira
Floriano de Azevedo Marques Neto
Gustavo Justino de Oliveira
Inês Virgínia Prado Soares
Jorge Ulisses Jacoby Fernandes
Juarez Freitas
Luciano Ferraz
Lúcio Delfino
Marcia Carla Pereira Ribeiro
Márcio Cammarosano
Marcos Ehrhardt Jr.
Maria Sylvia Zanella Di Pietro
Ney José de Freitas
Oswaldo Othon de Pontes Saraiva Filho
Paulo Modesto
Romeu Felipe Bacellar Filho
Sérgio Guerra

Luís Cláudio Rodrigues Ferreira
Presidente e Editor

Coordenação editorial: Leonardo Eustáquio Siqueira Araújo

Av. Afonso Pena, 2770 – 15º andar – Savassi – CEP 30130-012
Belo Horizonte – Minas Gerais – Tel.: (31) 2121.4900 / 2121.4949
www.editoraforum.com.br – editoraforum@editoraforum.com.br

R467e   Rezende, Fernando

Conflitos federativos: esperanças e frustrações – Em busca de novos caminhos para a solução / Fernando Rezende. – Belo Horizonte: Fórum, 2016. - (Coleção Fórum IRB).
128 p.
ISBN: 978-85-450-0150-8

1. Direito tributário. 2. Direito público. 3. Administração pública. 4. Federação brasileira. 5. Guerra fiscal. 6. Autonomia financeira. I. Título. II. Série.

2016-62   CDD 343.04
                                           CDU 336.2

Informação bibliográfica deste livro, conforme a NBR 6023:2002 da Associação Brasileira de Normas Técnicas (ABNT):

REZENDE, Fernando. *Conflitos federativos*: esperanças e frustrações – Em busca de novos caminhos para a solução. Belo Horizonte: Fórum, 2016. 128 p. ISBN 978-85-450-0150-8.

APRESENTAÇÃO DA COLEÇÃO

O Instituto Rui Barbosa é a Casa do Conhecimento dos Tribunais de Contas brasileiros. Como tal, entre suas finalidades estão publicar e divulgar obras nas muitas áreas de atuação do controle externo. Ao somar esforços com a Editora Fórum, de reputação incontestável na publicação de livros e periódicos em direito, controle e administração pública, o IRB consolida seus objetivos e dá um passo decisivo como instituição criadora e disseminadora de pensamento.

A inserção dos Tribunais de Contas na discussão dos grandes temas da vida nacional, notadamente os que tangenciam o controle, é imprescindível. As Cortes de Contas são depositárias de uma grande gama de dados, informações e conhecimento, sendo de grande interesse social que propaguem o saber.

Essa coleção, que se inicia tão bem, com o trabalho de um dos mais renomados estudiosos das finanças públicas brasileiras, o prof. Fernando Rezende, ex-presidente do Instituto de Pesquisa Econômica Aplicada (IPEA) e atualmente pesquisador da Fundação Getulio Vargas (FGV), constituir-se-á um meio importantíssimo para divulgar as reflexões de interesse do controle.

Trata de tema muito caro aos tribunais de contas, o federalismo. É que, mesmo não existindo hierarquia entre os entes federados, deve haver cooperação e coordenação. Os Tribunais de Contas, nesse quadro, não se subordinam a nenhum outro. Mas cooperam, aprendem uns com os outros. Experiências exitosas realizadas em um Estado são difundidas e apreendidas pelos demais. Eventuais erros podem ser evitados. É uma das principais vantagens do federalismo que une, nas palavras de Tocqueville, as vantagens da grandeza e da pequenez das nações: "livre como uma pequena nação e respeitada como uma grande".

Os americanos costumam citar a frase "publique ou pereça". De fato, o conhecimento deve ser compartilhado, difundido, debatido. Dessa forma, avançamos para patamares mais elevados. Muitos integrantes dos Tribunais de Contas produzem reflexões relevantes, a merecerem um alcance além das cercanias de cada tribunal. Além disso, estudiosos não diretamente vinculados às Cortes de Contas elaboram análises e estudos que repercutem sobre as contas públicas e o dia a dia das administrações públicas e igualmente devem ser divulgados. Esta coleção tem esse objetivo: ser referência em publicações de obras que versem sobre o controle externo e áreas afins. Acreditamos que terá vida próspera e longa.

Edilberto Carlos Pontes Lima
Vice-Presidente de Estudos, Pesquisa e Extensão do
IRB e Presidente do TCE-CE.

APRESENTAÇÃO DO INSTITUTO RUI BARBOSA

O Programa Encontros Nacionais do Instituto Rui Barbosa tem o escopo de divulgar o conhecimento acerca do controle externo brasileiro em ambiente descentralizado e regionalizado, e vai se fazer presente em todas as regiões do Brasil.

Na Região Nordeste, o tema selecionado como eixo central para debate é o Federalismo — certamente um dos mais relevantes para o cenário da Administração Pública brasileira e o protagonista para a atuação dos Tribunais de Contas; razão pela qual especialistas acadêmicos, membros e servidores estarão intercambiando experiências e trabalhando para a consolidação do princípio federativo, insculpido como cláusula pétrea em nossa Carta Magna de 1988 e olvidado em várias práticas, com repercussão no cotidiano de gestores e da própria sociedade.

Celebrando este instante, o Instituto Rui Barbosa — a casa do conhecimento dos Tribunais de Contas — em parceria com a Editora Fórum, apresenta o primeiro livro da Coleção Fórum IRB: *Conflitos Federativos: Esperanças e Frustrações – Em busca de novos caminhos para a solução*, do consagrado Professor Fernando Rezende.

Nesta esteira, o IRB reafirma a sua missão de divulgar o conhecimento no âmbito do controle externo, iluminando o caminho dos tomadores de decisão na área pública e melhorando o binômio governança/gestão, sempre com foco no cidadão, verdadeiro estuário do benefício das políticas públicas.

Parodiando o poeta Fernando Pessoa, "federar é preciso, federalizar não é preciso".

Sebastião Helvecio
Presidente do Instituto Rui Barbosa.

NOTA DO AUTOR

Este livro é resultado de um projeto de pesquisa que contou com a inestimável colaboração de colegas que contribuíram com textos cobrindo distintos aspectos das questões federativas e especialmente preparados para este projeto. Ao mesmo tempo em que destaco a importância do trabalho de cada um para os objetivos do projeto, quero deixar claro que nenhum deles é responsável pela leitura que faço dos textos de Arretche e Schlegel (2014), Avelino, Biderman e Barone (2014a), Avelino e Biderman (2014), Pereira e Rennó (2014) e Cândido Junior (2014), relacionados nas referências incluídas ao final deste livro, eximindo-os, portanto, de qualquer responsabilidade pela posição que assumo com respeito aos problemas que acometem nossa federação.

SUMÁRIO

INTRODUÇÃO 13

CAPÍTULO 1
LIÇÕES DA HISTÓRIA 17
1.1   Introdução 17
1.2   Centralização e descentralização: um conflito não resolvido 17
1.2.1 Primórdios 17
1.2.2 Desdobramentos 19
1.3   O modelo federalista de 1891 – por que não se sustentou? 21
1.4   As oscilações do pêndulo 23
1.5   A questão municipal – o poder local na formação da nação brasileira 29
1.6   Constituição de 1988: intenções e realidade 30
1.7   Comentários finais 31

CAPÍTULO 2
ATUALIDADE: CRISE E DESAFIOS – A FRAGILIZAÇÃO
DA POSIÇÃO DOS ESTADOS NA FEDERAÇÃO 35
2.1   Introdução 35
2.2   A nova agenda do Estado e a Federação 37
2.3   As múltiplas faces do conflito e suas implicações 44
2.4   Fragilidade e desequilíbrios estimulam os conflitos e repercutem
na economia 57
2.5   Comentários finais 61

CAPÍTULO 3
PANO DE FUNDO: O QUE ESTÁ POR DETRÁS DOS CONFLITOS 63
3.1   Introdução 63
3.2   A implementação da nova agenda do Estado e a Federação 65
3.3   A questão da repartição de responsabilidades 66
3.4   Urbanização, centralismo e federalismo fiscal 69
3.5   Rede urbana e disparidades intrarregionais e intermunicipais 72
3.6   A ação dos fundos regionais 86
3.7   Comentários finais 95

ANEXO 97

CAPÍTULO 4
FUTURO: A POLÍTICA DO FEDERALISMO: CONCENTRAÇÃO
ELEITORAL E MUNICIPALIZAÇÃO DA POLÍTICA ESTADUAL 101
4.1   Introdução 101
4.2   Concentração espacial dos votos 102

4.3	Influência dos prefeitos nas eleições para a Câmara Federal	105
4.4	Atuação dos representantes dos estados na Câmara Federal	108
4.5	Comentários finais – o triângulo de ferro	114

CAPÍTULO 5
CAMINHOS: POR QUE A CRISE ATUAL DO FEDERALISMO REQUER TRANSITAR POR CAMINHOS DIFERENTES DOS ADOTADOS NO PASSADO? ... 115

5.1	Introdução	115
5.2	Os novos caminhos	116
5.3	Os novos caminhos devem conduzir à adoção de um novo modelo de federalismo fiscal	118
5.4	Comentários finais	120

CAPÍTULO 6
À GUISA DE CONCLUSÃO ... 123

REFERÊNCIAS ... 127

INTRODUÇÃO

A crise do federalismo brasileiro parece estar longe de ser resolvida. Em vez de os estados se debruçarem sobre as razões dessa crise e buscarem construir uma agenda comum que vise ao fortalecimento de sua posição na federação, eles se envolvem numa disputa fratricida por redistribuir uma parcela do bolo fiscal que não para de encolher.

Na década de setenta do século passado, o tema que predominava no debate nacional opunha os que defendiam que era preciso crescer para depois distribuir e os que esposavam posição oposta: distribuir para crescer. Nas últimas décadas, os estados brasileiros adotaram uma prática inovadora: redistribuir para encolher.

Em que consiste essa prática? Na disputa por redistribuir investimentos, recursos financeiros e poder que, em lugar de fomentar o crescimento, concorre para o encolhimento. Qual a explicação para esse fato? Por que não germina a percepção de que a persistência dessa prática concorre para que todos saiam perdendo?

A resposta imediata é a ausência de uma visão estratégica dos interesses coletivos. No curto prazo, a redistribuição traz vantagens imediatas para todos os que dela se beneficiam, e o principal exemplo disso é fornecido pela resistência em pôr cobro à guerra fiscal. Os ganhos econômicos e políticos derivados da instalação de empreendimentos que geram empregos de melhor qualidade e produtos modernos dão prestígio aos governantes e orgulho a seus cidadãos. Não, por acaso, é difícil encontrar solução isolada para esse problema.

No entanto, a soma dos ganhos individuais não corresponde a ganhos nacionais. A guerra fiscal é apenas uma das formas de redistribuição; no caso, a redistribuição de investimentos que poderiam ter, ou não, se instalado em outras partes, mas que optam pela localidade que lhes oferece maiores vantagens tributárias. Ademais, a redistribuição de investimentos não implica apenas em trocas bilaterais nas quais o ganho de um corresponde à perda de outro. Há consequências para todos. Como?

Em primeiro lugar, ela dá ao empresário a iniciativa da decisão e o poder de barganhar por benefícios cada vez maiores, invertendo a norma de que a prerrogativa de definir a política de investimentos voltada à promoção do desenvolvimento estadual deveria ser objeto dos planos plurianuais aprovados no Legislativo. Em decorrência disso, é grande a possibilidade de que interesses nacionais de fortalecimento de cadeias produtivas internas e laços econômicos entre as regiões sejam prejudicados, inclusive mediante vazamento de grande parte dos benefícios gerados pelos empreendimentos para o exterior.

Adicionalmente, o aumento da insegurança jurídica provocado pela ampliação dessa guerra contribui para gerar empreendimentos que não têm compromisso com a permanência no local em que se instalaram caso as condições iniciais sejam modificadas. Esse risco, aliás, é um dos principais motivos da resistência em avançar rapidamente no rumo da uniformização das alíquotas interestaduais do ICMS.

A ênfase na redistribuição se estendeu ao conflito em torno da definição de novas regras para a repartição do Fundo de Participação dos Estados (FPE) e dos recursos oriundos da cobrança de *royalties* pela exploração de petróleo. À diferença dos municípios, que se juntaram em outras ocasiões para obter compensações pelo encolhimento da base do fundo municipal, os estados preferiram evitar que o tema fosse provocado, talvez por receio de que isso reabrisse a questão do critério de rateio do FPE, cuja mudança, como revelou o não cumprimento do prazo determinado pelo STF para que fosse feita, encerra grande potencial de conflitos.

O mesmo ocorre no caso dos *royalties*: embora existam novos recursos a serem repartidos, a penúria de hoje não admite a espera pelo novo. Cada um a seu modo busca ganhos financeiros imediatos, ainda que o acesso aos recursos venha a ser bloqueado, caso a solução adotada venha a ser contestada no Judiciário.

Num contexto em que todos enfrentam dificuldades, caminho mais promissor para lidar com as questões discutidas seria apreciá-las em conjunto, para viabilizar acordo entre estados e substituir o confronto, que alimenta os conflitos, por nova postura em que a cooperação conduziria à formação de nova coalizão. Mas essa opção foi descartada. A preferência pela redistribuição continuará comprometendo a coesão.

O resultado da opção em redistribuir para encolher é retumbante. A fatia dos estados na repartição do bolo fiscal nacional perdeu um terço do tamanho que tinha há cinquenta anos, sem que isso fosse motivo de protestos. Se continuarem assistindo a esse encolhimento, é possível que ela venha a ficar menor do que a fatia dos municípios, que multiplicaram por três seu pedaço no mesmo período. Seria uma grande novidade no mundo das federações.

A reunião de elementos importantes para fundamentar o debate sobre a crise de nosso federalismo e a busca de soluções para esse problema é objeto deste livro. No primeiro capítulo, ele aborda as lições que a história oferece para o entendimento da crise atual. No segundo, o foco é a atualidade, em que o destaque é o exame de conflitos e explicações para isso. A necessidade de ampliar o foco para agregar novos fatores importantes para a compreensão da crise atual é abordada no terceiro capítulo, que trata dos cenários. O futuro é abordado no quarto capítulo, que chama atenção para a dimensão política do problema. Uma importante advertência conclui o livro.

CAPÍTULO 1

LIÇÕES DA HISTÓRIA

1.1 Introdução

A história do nosso federalismo é rica em ensinamentos para o debate atual sobre a crise federativa e a busca de soluções para os conflitos que inviabilizam o encaminhamento de reformas indispensáveis para o desenvolvimento nacional. Nos cento e cinquenta anos de vigência desse regime, a federação brasileira atravessou várias crises, sempre associadas à alternância de ciclos políticos marcados pela transição do autoritarismo para a democracia. A crise atual é diferente. É a primeira vez que assistimos a uma forte centralização do poder em plena democracia.

Não obstante o ineditismo da situação atual, as lições da história oferecem contribuição relevante ao debate sobre os problemas hoje enfrentados por nossa federação, bem como para a elaboração de proposições de reforma, que tenham por objetivo promover o equilíbrio federativo e ampliar oportunidades de desenvolvimento do país. O propósito deste capítulo é trazer à tona aspectos importantes dessa história.

1.2 Centralização e descentralização: um conflito não resolvido

1.2.1 Primórdios

Desde os primórdios da formação da nação brasileira, o conflito entre os defensores do reforço do poder central e os que propugnavam maior descentralização do poder dominou os debates sobre o regime mais adequado ao Brasil. Um golpe de força encerrou a disputa naquele momento, com a dissolução da Assembleia Constituinte e a promulgação da Constituição outorgada pelo Imperador, em 1824, mas esse conflito nunca foi devidamente resolvido.

Um dos principais argumentos esgrimidos pelos defensores da centralização, à época e sucessivamente na vigência de regimes autoritários, foi a necessidade de dotar o governo central de condições para promover as reformas sociais requeridas para combater as desigualdades, dado o caráter conservador das elites políticas que governavam as regiões mais desenvolvidas. Como a solução para os conflitos era sempre imposta pela força, os perdedores recolhiam as armas e aguardavam nova oportunidade para voltarem à carga. Não se construía, portanto, trajetória que tendesse ao equilíbrio. Ao contrário, mudanças ocorriam sempre de maneira brusca e em momentos de rupturas institucionais, com o pêndulo que registrava a situação vivenciada em cada momento, com respeito à repartição de poderes, oscilando de um extremo a outro.

Por ocasião da independência, a unidade nacional também era questão central no debate, que, sob outra perspectiva, se manifestou ao longo da história na forma de conflitos e demandas por medidas para reduzir as disparidades econômicas regionais.

A primeira reação à solução imposta em 1824 veio com a renúncia de Pedro I. Naquele momento, com as forças renovadas, os defensores da autonomia das províncias obtiveram algumas vitórias, tanto no campo político quanto no financeiro. Embora não tivessem emplacado à época uma monarquia federativa de fato, como previa a proposta preliminarmente aprovada na Câmara de Deputados (DOLHNIKOFF, 2005, p. 55), o Ato Adicional de 1834 transferiu às províncias uma série de pequenos impostos antes cobrados pelo governo central e a competência para tributar as transações internas. A criação das Assembleias Provinciais e os poderes a elas atribuídos no campo fiscal[1] promoveram significativa descentralização do poder, inclusive entregando às províncias a responsabilidade para organizar e controlar o poder local. A defesa da autonomia provincial pelos liberais foi acompanhada do empenho em neutralizar o poder municipal, tendo o Ato Adicional subordinado as Câmaras Municipais ao Legislativo estadual. As Assembleias deveriam aprovar as posturas municipais e os orçamentos dos municípios (DOLHNIKOFF, 2005, p. 118-119).

Mas os ganhos obtidos naquele momento foram efêmeros. Nas décadas seguintes, novas leis que interpretaram o disposto no Ato Adicional reverteram a descentralização do poder político instaurando o que veio a ser chamado de regresso. A eclosão de rebeliões armadas em distintas

---

[1] Cabia a elas determinar as receitas e despesas municipais e estaduais, bem como os impostos a serem cobrados para financiá-las. Cabia, ainda, legislar sobre serviços, públicos, pessoal, fiscalizar a execução do orçamento e exercer o controle das contas públicas. Prover a segurança pública, o ensino básico, etc. (DOLHNIKOFF, 2005, p. 99-100).

CAPÍTULO 1
LIÇÕES DA HISTÓRIA | 19

partes do Império teria contribuído para o fortalecimento do poder central no Segundo Reinado, sem que as medidas adotadas para isso tivessem, todavia, reduzido os ganhos obtidos pelas províncias em matéria fiscal,[2] inaugurando situação que voltou a se repetir em outros momentos de reversão do pêndulo.[3]

A centralização do controle sobre o Judiciário foi o meio utilizado pelo governo central para recuperar as perdas sofridas no campo político. Com a reforma do Código do Processo, o governo central retomou o controle sobre a interpretação das leis, substituindo os juízes de paz por funcionários nomeados por ele, de forma a evitar a influência das oligarquias locais nessa área. O objetivo da centralização do controle sobre o Judiciário era reduzir a influência das províncias sobre os governos locais e garantir o caráter universal das leis (COSER, p. 261).

A crise do final do século XIX contribuiu para o enfraquecimento do Império e o ressurgimento dos movimentos que demandavam a autonomia regional e a adoção do regime republicano. O centralismo instaurado por um golpe de força em 1824 foi derrubado por outro golpe de força em 1889. Sem maior resistência, o Império foi derrubado e instalado um governo provisório chefiado pelo Marechal Deodoro, que definiu as regras a serem adotadas para escrever a nova Constituição.

1.2.2 Desdobramentos

Sob outra perspectiva, a comparação dos índices de crescimento econômico registrados pelo Brasil durante o Império com os alcançados durante o primeiro período republicano suscita a questão da contribuição de um regime descentralizado para o desenvolvimento. Durante o regime imperial, a renda *per capita* dos brasileiros teria ficado praticamente estagnada, contrastando com um crescimento anual médio, ainda que modesto, de 0,9% ao longo dos trinta anos de duração da Primeira República (FRANCO; LAGO, 2012).

Daí não se deduz, entretanto, que existe relação de causa e efeito entre o regime político dominante e o desempenho da economia. O contexto internacional, assim como o ambiente interno, exerce forte influência não apenas no tocante à conjuntura econômica, mas também no que diz

---

[2] Acompanhando a expansão econômica das províncias e a ampliação das bases tributárias, as receitas apresentaram alto crescimento. Entre 1835-1836 e 1869-1870, a receita de Minas Gerais cresceu sete vezes; no Maranhão, cinco vezes; e, na Bahia, três vezes – crescimentos maiores que a inflação de 130% no período (DOLHNIKOFF, 2005, p. 165).

[3] O regresso conservador não alterou a divisão de receitas e a autonomia tributária e orçamentária. A reforma tarifária de Alves Branco aumentou a receita do governo central, mas não reviu a autonomia nessa área concedida pelo Ato Adicional (DOLHNIKOFF, 2005, p. 170).

respeito ao posicionamento do país no mundo. Numa economia fechada à competição internacional, a centralização tende a oferecer resultados expressivos, como atestam experiências vividas nos interregnos em que regimes autoritários promoveram a industrialização do país e este registrou os melhores momentos de sua história em matéria de crescimento econômico. Porém, a combinação de regimes políticos marcados por forte descentralização do poder com uma economia exposta a influências externas pode encontrar dificuldades para sustentar bons resultados, especialmente quando a conjuntura internacional é desfavorável.

Com efeito, a observação das taxas médias de crescimento anual do PIB ao longo de todo o século XX, compiladas por Santos (2012), deixa claro que os resultados em termos de crescimento econômico tiveram pouco a ver com o regime político dominante no momento. Nas três primeiras décadas daquele século, durante a vigência da primeira república, o crescimento do PIB brasileiro ficou, na média, pouco acima dos 4% anuais. Nas duas décadas seguintes, quando na maior parte do tempo o Brasil esteve dominado pelo autoritarismo, o crescimento médio do PIB subiu para cerca de 5%, índice esse superado por larga margem na década de 1950, durante o segundo período republicano, quando o crescimento anual médio do PIB ficou pouco acima de 7%. Esse índice só foi superado na década de 1970, no auge do centralismo promovido pelo regime militar, voltando a ficar abaixo dos índices registrados na Primeira República, após a redemocratização promovida nas décadas finais do século passado.[4]

Na verdade, o que pode fazer a diferença, em qualquer caso, é a existência ou não de uma estratégia. Nesse caso, o bom desempenho econômico que marcou as décadas de 1950 e 1970 pode ser atribuído também à existência de um projeto nacional de desenvolvimento apoiado na industrialização do país, que era objeto de efetivo planejamento e contava com burocracia competente para executá-lo. Em contrapartida, o fracasso registrado após a redemocratização concorre para a defesa da tese de que a existência de um projeto nacional é ainda mais importante em momentos de descentralização do poder e de inserção do país na economia global, quando uma estratégia de desenvolvimento é ainda mais necessária para articular as iniciativas requeridas para promover o crescimento da economia nacional.

Ademais, a relação do regime político com o desenvolvimento envolve outra questão importante: como medir o desenvolvimento. Um dos argumentos utilizados para defender a centralização do poder na história brasileira apoia-se na tese de que ela é necessária para promover

---

4   O autor cita como fonte dos dados utilizados texto de Régis Bonelli: *Ensaios sobre Política Econômica e Industrialização do Brasil* (BONELLI, 1996).

as reformas sociais que concorrem para que todos tenham acesso aos benefícios do progresso econômico. Reformas sociais foram de fato promovidas durante o período Vargas e por ocasião do regime militar, mas, aparentemente, o principal resultado dessas reformas foi construir alianças para sustentar o poder, e não para distribuir de forma mais equitativa os frutos do progresso. Sob esse prisma, o trabalho aludido de Santos mostra que: a desigualdade medida pelo índice de Gini cresceu entre 1960 e 1990 e a pequena redução registrada a partir de então não chegou a ser muito significativa.

No capítulo das desigualdades, outro elemento que precisa ser levado em conta é a dimensão regional dessa questão. E esse é um aspecto de grande relevância para o debate sobre o federalismo. A questão de se a união do território teria sido preservada sem a contribuição do Império, com base apenas no sentimento de nacionalidade incutido nos habitantes da colônia, não parece combinar com os fortes conflitos que eclodiram durante o Império e se repetiram nos primeiros anos do período republicano. Esses conflitos expressaram, ao mesmo tempo, a insatisfação de algumas regiões com a perda de autonomia e as rivalidades associadas à percepção de acentuadas diferenças nas condições de vida de seus habitantes.

De todo modo, a principal conclusão com respeito a essa questão é que a complexidade das relações entre centralização, descentralização e desenvolvimento não pode ser compreendida de modo simplista. Tal tarefa requer estudos aprofundados e base empírica sólida para explorar em detalhes as razões subjacentes ao ocorrido em cada período.

1.3 O modelo federalista de 1891 – por que não se sustentou?

O golpe que pôs fim ao Império ocorreu sem maiores incidentes. As lideranças republicanas que defendiam o fim da monarquia se juntaram aos adeptos do federalismo para promover a mudança de regime, mas não havia consenso com respeito ao que viria. A república federativa só veio a ser adotada com a promulgação da Constituição de 1891.

Os excessos reivindicados pelos que defendiam um regime altamente descentralizado foram temperados com as posições defendidas por Rui Barbosa, que defendia a necessidade de manter um governo federal forte para lidar com a acentuada disparidade socioeconômica que marcava a realidade da jovem nação brasileira. Adepto do modelo norte-americano, Rui Barbosa defendia maior equilíbrio na repartição de poderes, responsabilidades e recursos entre governo federal e estados, o que acabou predominando no texto constitucional.

Sob forte influência do movimento federalista, a constituinte que escreveu a Carta de 1891 deu forte impulso à descentralização. No campo político, a nova Carta inaugurou modelo único na história, em que as regras eleitorais deixaram de ser uniformes em todo o país, seguindo o modelo norte-americano, defendido por Rui Barbosa.

As constituições estaduais passavam a definir o processo de escolha dos governadores, a duração do mandato e a própria denominação do titular do cargo. E não havia simetria nessas regras. A duração dos mandatos, assim como critérios adotados nas eleições, variava entre estados (NICOLAU, 2012, p. 48). Também cabia às constituições estaduais organizar o processo eleitoral nos municípios e definir os poderes a eles atribuídos no campo tributário, obervada a autonomia municipal em tudo quanto respeitasse seu peculiar interesse.[5]

A representação no Congresso Nacional assegurava grande influência dos governadores na política nacional, e a representação estadual proporcional às respectivas populações guardava os interesses dos estados mais desenvolvidos e mais populosos na Câmara dos Deputados.

A reforma fiscal compôs a outra perna do reforço do poder estadual. A competência para tributar exportações, propriedades urbana e rural, atividades rotuladas como indústrias e profissões foi atribuída aos estados, que assim puderam incrementar significativamente sua fatia no bolo fiscal. Engordada pelo imposto de exportação, que contribuía com 40% do total, a participação dos estados no total das receitas tributárias subiu significativamente.

A descentralização fiscal alcançava todas as regiões, mas beneficiava principalmente os estados que concentravam o grosso das exportações nacionais. Mudanças na pauta de exportação, provocadas por crises internacionais e perda de competitividade de alguns produtos, afetavam a base tributária de alguns, principalmente os localizados nas regiões Norte e Nordeste, e também contribuíam para gerar instabilidade e desequilíbrios na capacidade fiscal dos estados, o que não fomentava a união dos interesses estaduais e o fortalecimento da federação.

A descentralização do poder e dos recursos fiscais promovida nesse período alimentava rivalidades e descontentamentos entre estados e diferentes grupos da população, principalmente aqueles que enfrentavam maiores dificuldades para ter acesso a melhores serviços públicos. O descontentamento cresceu à medida que, no final da década de vinte e na que se seguiu, a crise econômica que assolou o mundo repercutiu fortemente no Brasil gerando ambiente propício à mudança do regime.

---

[5] Segundo Carvalho (1996, p. 41), em alguns estados, a autonomia foi estendida aos municípios, numa antecipação do que veio a ocorrer em 1988.

Em retrospecto, é possível arguir que as enormes disparidades regionais e sociais que o Brasil exibia naquele momento não prenunciavam bom augúrio para a adoção de um regime federativo como o concebido em 1891. Com a eclosão da crise, estava criado o ambiente para fortalecer a posição daqueles que defendiam que a centralização era necessária para promover reformas modernizadoras.

1.4 As oscilações do pêndulo

Como aconteceu ao longo de nossa história, a ocorrência de crises econômicas gera uma crise política, que muda a correlação de forças preexistentes e abala os alicerces do grupo que detém o poder. Enfraquecidas, as forças que sustentavam o regime vigente foram afastadas do poder por novo golpe de força, desta vez, desferido pelos que defendiam a centralização do poder amparados no discurso de que ela era necessária para promover as reformas sociais.

Com a ascensão de Vargas, a situação mudou radicalmente no campo político. Os Legislativos federal, estadual e municipal foram dissolvidos, e os governadores dos estados foram substituídos por interventores nomeados pelo governo central. Os detentores do poder executivo municipal também foram afastados e substituídos por interventores nomeados pelo interventor estadual. Como destacou Nicolau (2012, p. 74), foi a primeira vez, desde a Constituição de 1824, que políticos não eleitos ocuparam o poder na sua plenitude.

A promulgação da Constituição de 1934 propiciou breve interregno no processo de centralização política, ao restaurar eleições para os Legislativos federal e estadual e atribuir a este a responsabilidade de eleger os governadores, o que foi de novo abolido com a instauração do Estado Novo, em 1937. Nesse período, o grau de centralização do poder alcançou níveis nunca alcançados, maiores do que o que vigia durante o Império (CARVALHO, 1996, p. 47).

No entanto, na área fiscal, reproduzindo o que já havia ocorrido no segundo período imperial, a centralização do poder político pôde conviver com alguma descentralização tributária, mas, nesse momento, beneficiando principalmente os municípios. Como a crise internacional derrubou a arrecadação dos impostos sobre o comércio exterior, a receita estadual passou a depender da tributação das vendas internas por meio da criação do Imposto sobre Vendas e Consignações (IVC), pois a competência para tributar as propriedades urbana e rural foi transferida aos municípios. Caso fizessem uso da competência para criar outros tributos, que não os discriminados no texto constitucional (a chamada competência residual), os estados deveriam entregar 30% ao governo federal e 20% aos municípios.

Para estes, os estados deveriam entregar ainda 50% da receita do imposto sobre indústrias e profissões.[6]

É interessante notar que a combinação de centralização do poder com preservação, e até mesmo ampliação, da descentralização fiscal se repete ao longo da alternância dos ciclos políticos, com este destaque: em qualquer caso, com única exceção a ser abordada adiante, os maiores beneficiários são os municípios. Esse arranjo particular parece refletir o padrão construído durante a formação do Império, em que o regime monárquico teria seguido o caminho percorrido durante o regime colonial, no qual a relação do governo central com o poder local era forte. Dessa forma, o relacionamento direto com os municípios poderia servir de contraponto a eventuais divergências das províncias com respeito a medidas adotadas pelo governo central.

A observação feita (sobre crises econômicas desencadearem crises políticas que erodem as bases de sustentação do poder) aplica-se ao longo de nossa história, moldando as características de nosso federalismo. O processo de industrialização do Brasil, comandado pelo Estado e apoiado em importante esforço de planejamento[7] e de formação de quadros técnicos competentes para gerenciar a máquina estatal, contribuiu para significativos avanços em termos de crescimento econômico, ao mesmo tempo em que várias medidas adotadas nas áreas trabalhistas e previdenciárias trouxeram avanços no campo social. A taxa média de crescimento econômico do país na década de trinta foi da ordem de 4%, mas a escalada da Segunda Guerra Mundial repercutiu no comércio internacional e criou maiores dificuldades para a sustentação do crescimento, abrindo espaço para a reativação das pressões de movimentos liberais por redemocratização do poder.

O Código Eleitoral de 1932 encampou várias mudanças defendidas pelos liberais que apoiaram a candidatura de Vargas às eleições presidenciais de 1930, como a extensão do direito de voto às mulheres, o voto secreto, a adoção da representação proporcional e a obrigatoriedade do registro de partidos e candidatos antes das eleições, mudanças complementadas em 1934 com a obrigatoriedade do alistamento e do voto e a redução para 18 anos da idade mínima para votar (NICOLAU, 2012, p. 74 e 77). Em decorrência, o tamanho do eleitorado cresceu substancialmente, ao mesmo tempo em que crescia a concentração regional da participação de eleitores em relação à população estadual.

---

[6] Em 1938, a participação dos estados na repartição do bolo fiscal foi de 32,6%, e a dos municípios, de 10,9% (CARVALHO, 1996, p. 47).

[7] Para uma análise da evolução do planejamento no Brasil, consulte-se Rezende (2010).

CAPÍTULO 1
LIÇÕES DA HISTÓRIA | 25

O retorno à democracia, em 1946, não trouxe resultados para o federalismo equivalentes ao que ocorreu em 1889. O crescimento do eleitorado foi acompanhado da formação de partidos nacionais que não estavam inteiramente sob o controle dos governadores (CARVALHO, 1996, p. 49). A restauração do federalismo se manifestou com clareza no campo fiscal, particularmente na ampliação do regime de partilha de receitas que, mais uma vez, beneficiou os municípios. Não houve grandes mudanças na repartição do poder tributário. Os estados mantiveram a competência para tributar as vendas internas e as exportações, mas perderam o Imposto sobre Indústrias e Profissões, entregue aos municípios. Estes também passaram a receber 10% do Imposto de Renda, percentual aumentado para 15% alguns anos depois. Estados e municípios também passaram a receber 60% do montante arrecadado pelos impostos únicos sobre combustíveis, lubrificantes e energia elétrica, de competência federal.

A participação dos estados e municípios no bolo fiscal cresceu acentuadamente em razão dessas mudanças; contudo, isso não se refletiu em maior poder estadual. Em 1960, a participação do governo federal no bolo fiscal (receita disponível) reduziu-se a pouco mais da metade, refletindo o efeito das transferências, ao passo que a participação dos estados alcançou 34,1% – a dos municípios ficou em 6,4%. No entanto, mediante continuidade de um planejamento centralizado e apoiado na qualidade técnica da burocracia, o governo central mantinha o poder sobre as políticas nacionais, que era reforçado pela atuação de empresas estatais. Portanto, o retorno à democracia devolveu autonomia política aos estados e municípios, embora o controle sobre as políticas nacionais de desenvolvimento não abrisse maior espaço ao reforço do federalismo, apesar da maior descentralização fiscal.

O pêndulo retornou com força em 1965, no bojo de uma nova crise econômica e política, a qual criou condições para a instalação do regime militar. Nessa ocasião, um fato pouco explorado fez com que ocorresse importante mudança no padrão da descentralização fiscal. Antes da eclosão do movimento que deu origem ao regime militar, o Ministério da Fazenda encomendou a uma comissão formada por eminentes profissionais do Direito Tributário a tarefa de realizar amplo estudo voltado à elaboração de propostas para a reforma desse ministério, resultando em proposta de reforma fiscal abrangente. Os trabalhos dessa comissão se encerraram já durante a vigência do novo regime, que adotou praticamente a totalidade das suas propostas na Emenda Constitucional nº 18, de 1965, e na Constituição de 1967.

A centralização do poder contou com a suspensão das eleições diretas para governadores e prefeitos das capitais e reforma partidária que assegurava o controle do poder Executivo sobre o Legislativo. À diferença das mudanças anteriormente promovidas no campo fiscal, a implementação das propostas elaboradas pela citada comissão beneficiou principalmente os estados. Foram mínimas as modificações introduzidas na competência tributária do governo federal, onde o que ocorreu de mais significativo foi a substituição do antigo Imposto de Consumo pelo Imposto sobre a Produção Industrial (IPI).

Os estados, ao contrário, receberam a competência para aplicar imposto de base ampla sobre valor adicionado no processo de circulação de mercadorias, o ICM, além de passarem a receber 10% da receita dos impostos federais (mesmo percentual que já era transferido aos municípios). Ademais, 40% da receita federal oriunda dos impostos únicos sobre combustíveis e lubrificantes eram entregues aos estados, ficando os municípios com 20% do arrecadado pelos referidos impostos. No terreno das competências tributárias, os municípios substituíram o imposto sobre indústrias e profissões pelo imposto sobre a prestação de serviços, o que, na época, não representava mudança significativa.

Estados e municípios ganharam 90% da receita do imposto sobre minerais e 70% da receita do imposto sobre transporte, com repartição entre eles definida em lei. A atribuição do poder de reter o IR cobrado na fonte de seus servidores aos estados e a inclusão do IPI na base de cálculo do ICM também fizeram parte das medidas para aumentar a receita estadual.

A reforma de 1965 ampliou a peculiaridade das mudanças na relação do federalismo com as alternâncias do ciclo político, ao ampliar a descentralização fiscal em novo período de forte centralização política, dessa feita, todavia, divergindo das mudanças anteriores, não só com respeito ao alcance dessa descentralização, mas também quanto ao fato de se ter privilegiado o reforço dos estados e instituído regime de transferências voltado à redução das disparidades de capacidade fiscal entre eles.

Diferentemente do ocorrido no período anterior de suspensão da democracia, as eleições municipais foram mantidas – à exceção das capitais estaduais e de alguns municípios classificados como relevantes à luz da segurança nacional. A organização dos municípios manteve-se na competência dos estados, mas eles tiverem ampliada sua autonomia em matéria fiscal. Como a grande maioria dos municípios dependia de transferências federais e a reforma partidária propiciava que eles fossem controlados pelo partido governista, o governo federal controlava diretamente os governadores e, indiretamente, dispunha de meios para controlar a atuação dos municípios. Com essa singular combinação, a centralização do poder podia conviver com forte dose de descentralização fiscal.

O reforço do planejamento centralizado, a ampliação de empresas estatais e a continuidade do aperfeiçoamento da burocracia federal completavam os meios disponíveis para conciliar a centralização do poder com a descentralização fiscal. A redução – à metade – dos recursos dos fundos constitucionais (FPE e FPM) e a supressão da liberdade para dispor

CAPÍTULO 1
LIÇÕES DA HISTÓRIA | 27

dos seus recursos, estabelecidas, em 1969, juntamente com a criação da Secretaria de Articulação com Estados e Municípios (SAREM), no âmbito do sistema nacional de planejamento e orçamento, contribuíam para que estados e municípios se constituíssem em braços que ajudavam o governo federal a implementar políticas nacionais de desenvolvimento. Por meio das estatais federais, o governo federal controlava a atuação das estatais estaduais, especialmente no tocante aos investimentos em infraestrutura, inclusive a urbana.

Nesse processo, a conformação de nosso federalismo foi adquirindo acentuadas deformações. A descentralização fiscal deixa de ser medida relevante para aferir a descentralização do poder, pois o que importa é o controle que o governo central exerce sobre o uso dos recursos do Estado por meio de planejamento centralizado, vinculação de receitas, controle sobre os orçamentos e reprodução mimética da estrutura administrativa do governo federal nos estados, bem como nos municípios. A descentralização das receitas fiscais não é acompanhada da descentralização do poder para decidir livremente sobre o seu uso. As competências relevantes permanecem em mãos do governo federal, reduzindo o espaço reservado a estados e municípios para fazer uso de suas próprias competências.

A reforma política promovida na segunda metade da década de setenta, por meio do pacote de abril de 1977, agregou outro importante elemento para manter a centralização do poder no momento em que o regime militar já denotava sinais de enfraquecimento. Aproveitando o recesso do Congresso, decretado pelo Ato Complementar nº 102, de 1º de abril de 1977, o governo promoveu duas mudanças importantes com a edição da Emenda Constitucional nº 8, de 14 de abril de 1977: alterou a proporcionalidade da representação dos estados na Câmara dos Deputados, com a introdução do mínimo de seis e máximo de 55 representantes por estado; estabeleceu eleição indireta para o Senado de um dos dois representantes a serem eleitos, quando a renovação fosse de dois terços dos senadores.

O desequilíbrio na representação política e a mudança na eleição para o Senado visavam assegurar o controle do governo sobre o Congresso, dado que a oposição tinha maior presença nos estados mais desenvolvidos do Sul e do Sudeste. Adicionalmente, contribuíam para reforçar as relações do poder central com os estados das demais regiões por meio de transferências orçamentárias e atuação das empresas estatais e órgãos de promoção do desenvolvimento regional. O impacto dessa mudança na federação foi significativo, embora não tenha sido considerado no debate e nas mudanças que se seguiram ao fim do regime militar, como veremos. Exemplo importante da negligência dispensada a essa mudança foi a ampliação desse desequilíbrio por meio de nova EC aprovada já no início da Nova República, que elevou o mínimo de representantes estaduais para oito e o máximo para 60 (EC nº 25, de 15 de maio de 1985).

A lenta e gradual transição para o novo período de vigência da democracia reavivou demandas por descentralização e diminuição da intervenção federal nos orçamentos estaduais. Em 1980, a Emenda Constitucional nº 17, de 2 de dezembro, iniciou período de sucessivas mudanças voltadas a aumentar a receita de estados e municípios, centradas no aumento do percentual das receitas federais a serem transferidas a estados e municípios. Naquele momento, o percentual do IR e do IPI incorporado aos fundos constitucionais subiu para 24% (11% para o FPE e para o FPM, e 2% para o Fundo Especial). Esse percentual foi novamente aumentado para 32%, em 1983, e para 33, em 1985 – 14% para os estados, 17% para os municípios, e 2% para o Fundo Especial.

A demanda dos estados por acesso a maiores receitas contrasta com o pouco caso dispensado às decisões de gasto. Ainda em 1983 (EC nº 24, de 1º de dezembro de 1983), foi estabelecida a obrigatoriedade de aplicação de pelo menos 25% da receita estadual e municipal de impostos à educação, reintroduzindo prática de intervenção nos orçamentos dos governos subnacionais inaugurada em 1934 e interrompida em 1967 pelo regime militar. Essa medida reforça a tese de que o controle do orçamento é forma mais efetiva de centralização do poder do que a centralização das receitas.

A crise econômica dos anos oitenta motivou a adoção de novas medidas no campo tributário. Em face da disputa entre estados pela apropriação da parcela da receita do ICM oriunda da tributação do comércio interestadual, o governo federal apoiou a adoção de sucessivas resoluções do Senado Federal a fim de reduzir a alíquota cobrada no estado de origem das vendas interestaduais, de forma a ampliar a parcela do imposto arrecadada no estado de destino. Num contexto em que a crise econômica encolhia a base do FPE, a opção para atender a pressões dos estados menos desenvolvidos foi transferir, por via da redução das alíquotas interestaduais, parte da receita do imposto estadual cobrado no comércio interno dos estados industrializados para os demais.

Essa medida consolidou a divisão dos interesses estaduais em matéria tributária em dois blocos. De um lado, os estados do Norte, Nordeste e Centro-Oeste se beneficiaram dela, e, de outro, os estados do Sul e Sudeste saíram prejudicados. O foco exclusivo do debate federativo na redistribuição de receitas permitiu que o governo federal se beneficiasse disso, tanto do ponto de vista fiscal quanto político. A mudança nas regras para a eleição do Senado assegurava maioria suficiente na referida casa para aprovar sucessivas resoluções que ampliaram o diferencial de alíquotas aplicadas ao comércio interestadual, contribuindo para estreitar as relações dos estados beneficiados com o poder central e criar ambiente de conflitos e antagonismos entre os estados. O controle da política nacional ganhou o reforço da maioria dos estados e contribuiu para o enfraquecimento da federação.

Outro ator importante na cena política nacional não assistiu passivamente aos fatos apontados; refiro-me aos municípios. A dependência da grande maioria dos municípios do FPM contribuiu para que eles concentrassem suas demandas no aumento do percentual dos impostos federais incorporado a esse fundo e na adoção de novas regras para o rateio da participação dos municípios na receita estadual. O FPM ficou maior do que o FPE, e a repartição da cota municipal do ICM foi alterada para limitar em 75% a parcela repartida, segundo o valor adicionado, e distribuir o restante, segundo o disposto em lei estadual.[8] A relação do governo federal com os municípios se fortaleceu pelo controle da sua vida financeira (FPM e orçamentos), ao passo que os grandes municípios, inclusive as capitais, enfrentavam maiores dificuldades em face do impacto da crise econômica na receita estadual e da redução da sua parcela do ICM.

1.5 A questão municipal – o poder local na formação da nação brasileira

A importância das vilas no período colonial teria contribuído para conformar o perfil do federalismo brasileiro nos vários momentos de transição de um regime centralizado para a democracia. Na colônia, a organização político-administrativa do país compunha-se das vilas, das províncias e do poder central, o que se manteve durante praticamente todo o período imperial. Talvez por isso, durante as transformações ocorridas no regime republicano, a autonomia municipal esteve expressamente mencionada, em todas as Constituições promulgadas desde então, culminando com a opção, adotada em 1988, de atribuir aos municípios *status* de entes federados, em pé de igualdade com a posição dos estados na federação.

Na Primeira República, como vimos, a organização dos municípios, assim como os poderes a eles reservados, ficou a cargo das constituições estaduais, mas isso não parece ter afetado significativamente a autonomia municipal, nem sua importância na prestação de serviços às populações locais. As eleições para o Legislativo municipal já eram prática usual na colônia, e foram mantidas no período imperial (NICOLAU, p. 21). Afora a efêmera experiência promovida pelo Ato Adicional de 1834, o poder das províncias era limitado, e o poder local atuava como braço importante do governo central nas porções mais remotas do território nacional. Dado que revela a força do poder local, no contexto de ampliação da autonomia estadual, é o aumento de sua participação no bolo fiscal, que, no início da Primeira República (1907), subiu para 8,8%, quatro pontos percentuais a mais do que detinha em meados de 1880 (CARVALHO, 1996, p. 42).

---

[8] EC nº 17, de 1980.

A posição dos municípios no federalismo brasileiro, especialmente no que diz respeito a seu relacionamento com os estados, parece estar a merecer exame mais aprofundado, entre outros aspectos, para que se compreenda se o fracasso da experiência de instalar um federalismo assimétrico, na Primeira República, teve algo a ver com isso.

O relacionamento do governo central com o poder local se fortaleceu após o fim da Primeira República – e parece não ter havido mudanças significativas nesse padrão nas sucessivas alternâncias do ciclo político. Para contra-arrestar o poder das elites estaduais, regimes autoritários e democráticos continuaram lançando mão desse expediente para reforçar o poder do governo central utilizando-se de vários mecanismos, entre os quais sobressaem transferências de recursos e centralização de decisões sobre políticas públicas, que retiram autonomia orçamentária de estados e municípios. Desse modo, a descentralização das receitas públicas deixa de ser fator de enfraquecimento do poder central para transformar-se em instrumento de fortalecimento desse poder por meio do controle sobre as políticas nacionais e ação das instituições federais encarregadas de sua implementação.

1.6 Constituição de 1988: intenções e realidade

O esgotamento do regime militar parecia oferecer condições para superar a repetição do padrão verificado até então, em que a mudança do regime político não trazia grandes mudanças em favor do fortalecimento do federalismo. Mas, na ausência de visão estratégica que tivesse como objetivo conciliar o reforço do federalismo com a redução das disparidades sociais, as coisas tomaram outro rumo.

Numa perspectiva histórica, a Constituição de 1988 não promoveu grande inovação ao elevar municípios à condição de entes federados. Ela deu mais um passo na direção de criar condições para o estreitamento dessa relação. O fato curioso é isso não ter sido objeto de maiores debates e controvérsias durante os trabalhos de sua elaboração por parte dos representantes dos estados na Assembleia Nacional Constituinte.

O reforço da autonomia municipal, propiciado pela nova condição assumida pelos municípios, abriu novas possibilidades para reforçar suas relações com o poder central, na medida em que a descentralização das responsabilidades com respeito à provisão de serviços públicos, sociais e urbanos propugnava o protagonismo dos municípios, ecoando discurso da época que defendia a municipalização sob o argumento de o povo viver nos municípios.

As competências concorrentes na federação se estenderam a todas as atividades voltadas ao atendimento de demandas da população sobre o Estado, com a adoção do princípio da subsidiariedade justificando a prevalência dos municípios, com a assistência técnica e financeira da União e dos estados, nos campos dos serviços urbanos e sociais. Mais uma vez, a competência tributária dos municípios foi ampliada, assim como ocorreu no tocante ao volume de recursos a eles transferidos por mandato constitucional.

Simultaneamente, foram criadas condições para a progressiva centralização das decisões sobre o uso dos recursos municipais (também estaduais) com aumento da vinculação de receitas e expansão de políticas nacionais financiadas com recursos da seguridade social. Na sequência, a prestação de serviços urbanos ficou cada vez mais condicionada ao acesso a outras fontes de financiamento, como o crédito administrado por instituições financeiras federais e as transferências orçamentárias processadas mediante realização de convênios.

Em decorrência, à medida que os municípios ganhavam espaço, o espaço ocupado dos estados encolhia, revertendo o que haviam ganhado nos primeiros momentos de vigência da nova Constituição. O desfecho desse processo conduziu à situação inédita na história brasileira, em que a centralização do poder assume proporções inéditas em plena vigência da democracia.

1.7 Comentários finais

Uma importante conferência internacional organizada para discutir os problemas do federalismo no mundo, que teve lugar na Índia em 2007, elegeu como tema central dos debates a *unidade na diversidade*. Conforme destacado pelos organizadores dessa conferência, o uso da preposição *na* para conectar as duas palavras procurava ressaltar que: a unidade pode estar ancorada na diversidade, a diversidade pode contribuir para a unidade, a unidade não deve dissolver a diversidade na homogeneidade, e unidade e diversidade não podem ser necessariamente vistas como contraditórias (WATTS; KINCAID, 2007).

Na visão deles, o título da conferência reflete a percepção da importância do federalismo no mundo moderno. Isso porque, no mundo global, as modernas tecnologias aplicadas ao processo econômico e o desenvolvimento de novas formas de comunicação aumentam a necessidade de combinar, ao mesmo tempo, a formação de unidades políticas grandes e pequenas. Dessa forma, desenvolvem-se duas motivações completamente interdependentes, embora distintas, e às vezes até opostas, para o reforço do federalismo. Uma é a necessidade de construir estados nacionais modernos eficientes, ou entidades supranacionais, para promover progresso econômico, segurança e influência na arena internacional; outra é a importância de garantir que diferentes identidades regionais possam se expressar por meio de unidades políticas menores, responsáveis e autogovernáveis – capazes de lidar com diversidades históricas, linguísticas, sociais e culturais da nação. Nesse contexto, o federalismo tem se disseminado no mundo.

Nos primórdios da formação da nação brasileira, a preservação da unidade assumiu papel preponderante e foi importante para esse objetivo; mas, ao longo da história, a preocupação em acomodar a diversidade na unidade tem sido posta de lado, tanto em períodos de autoritarismo quanto de democracia. A unidade foi confundida com uniformidade, e, à parte a curta experiência da Primeira República, nosso federalismo foi se acomodando a uma indesejável simetria.

O predomínio da uniformidade contribuiu para a centralização do poder por meio do processo de fortalecimento de políticas nacionais orientadas pela preocupação com a simetria das regras, e não com o espírito da descentralização. E isso conduziu à situação atual, na qual a nova etapa de redemocratização do país inovou ao centralizar o poder em plena democracia.

Em esforço de extrair aspectos da história de nosso federalismo que podem oferecer lições importantes para o debate atual, uma primeira questão a ser explorada trata dos severos obstáculos que conflitos e antagonismos vigentes erigem ao desenvolvimento nacional. Como abordar a reforma do federalismo à luz de uma nova proposta, na qual o regime federativo deve dispor de condições para manter a unidade nacional ao mesmo tempo em que cria condições para que as diversidades regionais disponham de espaço para expressar suas vantagens, do ponto de vista da inserção na nova economia mundial?

Nessa linha, surge a importância de pôr o foco do debate sobre o novo modelo de federação na autonomia dos entes federados para dispor dos recursos que integram seus orçamentos. Como vimos, o foco exclusivo na repartição de receitas, que predominou nas mudanças do federalismo fiscal, ocorridas por ocasião da alternância de regimes políticos, ofuscou a percepção das lideranças regionais com respeito aos riscos envolvidos nessa opção. Para sustentar a unidade na diversidade, não basta ter mais dinheiro – é fundamental dispor de liberdade para aplicá-lo.

Outro ensinamento importante da história é que a unidade na diversidade precisa estar amparada na perseguição de objetivos nacionais comuns. Isso é essencial para sustentar a coesão das partes que compõem o todo e para que todos contribuam para a defesa dos interesses coletivos e o fortalecimento da União. Para tanto, é preciso que a unidade concorra para equilibrada repartição dos ganhos gerados por ela. E isso traz à tona a questão regional. Em regimes autoritários, a unidade pode ser mantida à força, com apoio de medidas adotadas para reduzir desequilíbrios entre as partes. Na democracia, a unidade depende de que todos percebam a contribuição que ela pode dar para promover a convergência dos índices de desenvolvimento. Quando isso não ocorre, os conflitos regionais promovem o retorno do autoritarismo ou, como agora, levam interesses regionais de curto prazo a superarem uma visão de longo prazo dos interesses nacionais e criarem enormes barreiras à sustentação do desenvolvimento. Como destacado na introdução, o federalismo brasileiro passa por situação inédita na sua história: a combinação de centralização com democracia. Nesse processo, a percepção de interesses nacionais comuns foi perdida, e os conflitos e antagonismos federativos galgaram níveis perigosos. A diversidade foi sufocada pela uniformidade e a unidade deixa de ter a importância estratégica para o desenvolvimento nacional de que falavam os organizadores da conferência da Índia, para se transformar em instrumento de negação dessa virtude.

CAPÍTULO 2

ATUALIDADE: CRISE E DESAFIOS – A FRAGILIZAÇÃO DA POSIÇÃO DOS ESTADOS NA FEDERAÇÃO

2.1 Introdução

O principal desafio que a federação brasileira enfrenta, hoje, é promover mudanças que concorram para uma nova etapa de desenvolvimento. Em perspectiva histórica, o período transcorrido desde a redemocratização de 1985 é o que apresentou as mais baixas taxas de crescimento econômico do período republicano. A taxa média anual de crescimento do PIB nas últimas duas décadas do século XX ficou abaixo da metade da registrada nas primeiras duas décadas desse século (SANTOS, 2012, p. 88). Nos primeiros anos deste novo século, o resultado foi um pouco melhor, em face da contribuição de conjuntura externa favorável, embora ainda inferior ao padrão histórico.[9] Em contrapartida, os últimos doze anos registraram os maiores avanços com respeito à redução das disparidades sociais, a despeito de haver sido interrompida a trajetória de redução das disparidades regionais.

O que isso sugere? Que o velho conflito tem uma dimensão regional que precisa ser apreciada conjuntamente? Que, por demandar o apoio político das regiões menos desenvolvidas, a centralização promovida por regimes autoritários dispensava maior atenção a uma política de desenvolvimento regional? E que a pouca atenção dispensada a essa questão em períodos de descentralização do poder contribui para que esses conflitos

---

[9] O crescimento médio anual do PIB foi de 3% entre 1999 e 2004, e de 4% no período 2004-2011 (LEVY; GIAMBIAGI, 2013).

aflorem em momentos de crise e favoreçam a oscilação do pêndulo? E o que dizer da situação atual, em que o poder central assiste passivamente ao acirramento dos conflitos federativos num contexto inédito de centralização em plena democracia? Um novo modelo de federalismo seria o elo faltante para conciliar a descentralização com avanços simultâneos no campo das disparidades regionais e sociais?

Questão a ser explorada na busca de respostas às perguntas formuladas refere-se a como promover reformas que criem instituições e condições requeridas para que a redução das disparidades regionais e sociais avance simultaneamente, corrigindo o descompasso vigente. Esse descompasso contribui para a geração e o acirramento de conflitos entre regiões e estados, enfraquecendo o federalismo e contribuindo para a centralização do poder via cooptação dos estados cuja dependência do governo federal, para exercer suas responsabilidades, é grande. Nessa situação, o controle pelo governo federal das principais fontes de financiamento das políticas nacionais facilita a cooptação apontada e concorre para minar as bases do federalismo.

O mesmo ocorre no que concerne à atuação dos municípios. A fragilização dos estados elimina a possibilidade de eles exercerem alguma influência sobre a política e a administração municipal, contribuindo para que eles busquem extrair maiores vantagens por meio da aproximação com o governo central.

A questão que merece ser discutida é a falta de funcionalidade da situação vigente para o desenvolvimento. Durante certo tempo, a redução das disparidades sociais fortalece o capital político do governo central, mas a capacidade de sustentar as políticas que concorrem para esse resultado depende de a economia registrar índices satisfatórios de crescimento. Se isso não ocorre, gera-se uma armadilha de baixo crescimento que, no limite, compromete os avanços obtidos no campo social.

Na era da inovação, do conhecimento e da incorporação de novas tecnologias ao processo produtivo, o crescimento econômico requer capacidade de adaptação a uma realidade em que cadeias produtivas organizam-se em escala mundial, o que exige que os países ofereçam condições para que essa integração ocorra de modo favorável. Nesse cenário, o planejamento centralizado torna-se disfuncional e a descentralização passaria a ser requisito importante para o desenvolvimento.

Sob essa ótica, três questões precisam ser devidamente apreciadas:

- Em que medida o recurso a políticas nacionais centralizadas, para promover a redução das disparidades sociais, sufoca a percepção da importância da descentralização para o desenvolvimento?
- A noção de que a promoção da igualdade requer um governo central forte contribui para que sejam ignoradas as possibilidades

CAPÍTULO 2
ATUALIDADE: CRISE E DESAFIOS – A FRAGILIZAÇÃO DA POSIÇÃO DOS ESTADOS NA FEDERAÇÃO | 37

de construir uma federação na qual um modelo de federalismo crie condições para promover a equidade com descentralização?

• Por que, ao longo da nossa história, as demandas dos entes federados na restauração da democracia se concentraram na repartição dos recursos, ignorando implicações da falta de atenção a outros aspectos, como o comando sobre as políticas nacionais, que permitem conciliar a centralização do poder com a descentralização fiscal?

A história do federalismo brasileiro foi marcada pela alternância de ciclos políticos que associaram a centralização do poder à ascensão de regimes autoritários e a descentralização à transição para a democracia. A novidade, agora, é a ocorrência de novo período de centralização em plena vigência da democracia. O que explica essa novidade? Em que medida ela suscita novas questões para o debate de soluções para a crise que assola nosso federalismo? Como avançar no rumo das reformas necessárias para conciliar as demandas por equilíbrio federativo com exigências da competitividade da economia, coesão social e fortalecimento da democracia?

O exame dessas e de outras questões que caracterizam a crise de nosso federalismo é o objeto deste capítulo.

2.2 A nova agenda do Estado e a Federação

A face mais evidente da crise atual do nosso federalismo é o acirramento da guerra fiscal, que esteve no centro das negociações políticas que ocorreram ao longo de todo o ano de 2013, com o objetivo de promover mudanças na sistemática de cobrança do ICMS nas operações interestaduais. Apesar do enorme esforço despendido por todos os estados para obter acordo sobre essa questão, isso não ocorreu.

Em grande parte, as dificuldades encontradas para equacionar todos os conflitos associados a essa questão têm a ver com o fato de que a escalada da guerra fiscal é o sintoma do agravamento de uma crise que tem raízes mais profundas, que alimentam um processo de fragilização da posição dos estados em nossa federação. As principais dimensões já foram exploradas em trabalho anterior[10] e são retomadas com a adição de novos elementos a serem apreciados.

As raízes dessa nova crise da federação foram plantadas em 1988, por ocasião da promulgação do novo texto constitucional elaborado pela Assembleia Nacional Constituinte, instalada em fevereiro de 1987. A nova agenda que o Estado brasileiro assumiu, com respeito à promoção dos direitos sociais consagrados na nova Constituição, atropelou a federação

---

[10] Rezende (2013).

à medida que o comando sobre essa agenda foi sendo progressivamente concentrado nas mãos do governo federal, em razão do controle sobre os meios utilizados para financiar a implementação dessa agenda e da progressiva regulação das políticas adotadas.

A maneira como os trabalhos da Constituinte foram conduzidos explica boa parte do ocorrido. Na ocasião, as demandas da federação por descentralização e autonomia e as reivindicações dos movimentos sociais por universalização dos direitos da cidadania foram objetos de trabalhos desenvolvidos em comissões paralelas. As demandas da federação se concentraram na repetição do velho padrão que predominou nas anteriores transições de regimes autoritários para a democracia: a redistribuição do poder tributário e das receitas públicas em benefício de estados e municípios. E as reivindicações dos movimentos sociais buscaram evitar os problemas do passado, quando recursos da área social eram utilizados para financiar outras atividades, concentrando sua atenção no estabelecimento de um regime exclusivo de financiamento para garantir o atendimento dos novos direitos consagrados no texto constitucional.

O modelo adotado em 1988 buscava adotar solução nova para um velho conflito, que se manifestou ao longo de nossa história, e suportava o argumento esgrimido pelos defensores da centralização de que ela era necessária para promover reformas sociais de que o Brasil precisava para modernizar sua sociedade, visto que o conservadorismo das elites regionais não contribuía ao objetivo de estender os frutos do progresso a todos os brasileiros. Nessa perspectiva, esse novo modelo podia ser visto como tentativa distinta de conciliar descentralização do poder com garantia de atendimento dos direitos sociais.

Conforme disposto no texto constitucional, criou-se o orçamento da seguridade social, que deveria abranger "todas as entidades e órgãos a ela vinculados, da administração direta e indireta, bem como os fundos e fundações instituídos pelo poder público" (artigo 165, 5º, III). O disposto no artigo 195 estabelecia complementarmente que "a seguridade social será financiada por toda a sociedade, de forma direta e indireta, nos termos da lei, mediante recursos provenientes dos orçamentos da União, dos Estados, do Distrito Federal e dos Municípios, e das seguintes contribuições sociais".

A inconsistência da proposta desse novo modelo se reflete na redação desses dispositivos, que, embora não se mencione, sugerem reunir recursos dos orçamentos federal, estadual e municipal oriundos da arrecadação e da partilha dos impostos, além dos que seriam aportados pelas contribuições sociais de competência exclusiva da União, para compor espécie informal de orçamento nacional da seguridade social, o que, por ser inviável e incompatível com o regime federativo, nunca chegou a ser intentado.

CAPÍTULO 2
ATUALIDADE: CRISE E DESAFIOS – A FRAGILIZAÇÃO DA POSIÇÃO DOS ESTADOS NA FEDERAÇÃO | 39

Já nos primeiros anos que se sucederam à vigência da nova Constituição, a regulamentação dos novos benefícios instituídos no campo da previdência social pressionou o orçamento do governo federal e exigiu o recurso às novas contribuições sociais para sustentar o seu financiamento. Mas foi a partir do momento em que o país foi obrigado a promover forte ajuste fiscal para gerar superávits primários demandados para manter o controle sobre as contas públicas que a centralização da responsabilidade pela implementação da nova agenda do Estado ganhou impulso decisivo.

Para gerar o superávit requerido, o governo teve que recorrer às contribuições sociais e emendar a Constituição para que fosse possível destinar 20% do aumento dessas receitas para financiar o superávit. Como exaustivamente analisado em trabalho recente, a sustentação dessa prática contribuiu para a expansão dos gastos com a nova agenda do Estado, fazendo com que política macroeconômica e programas sociais amparados pelos recursos da seguridade social andassem juntos.[11]

A centralização dos recursos financeiros abriu espaço para a crescente regulação das políticas amparadas pelas receitas da seguridade social. Por suas características, a previdência social saiu na frente, mas foi acompanhada por expansão dos programas assistenciais e políticas de saúde. No caso dos programas assistenciais, cabe assinalar o fortalecimento do INSS e a expansão dos programas de transferência de renda diretamente a famílias pobres. Na sequência, à medida que previdência e assistência absorviam parcela crescente das receitas da seguridade, a saúde buscou novas fontes de financiamento: primeiro, com a vinculação da receita da contribuição provisória sobre a movimentação financeira (CPMF); em seguida, com a adoção de nova regra, que associou o crescimento dos gastos federais em saúde ao PIB e vinculou receitas de estados e municípios a gastos nesse setor para compensar as dificuldades de ampliar as despesas da União. Ao tornar obrigatório o aporte de recursos dos entes federados para o financiamento da saúde, essa medida pode ser vista como o início de um processo de implantação compulsória da proposta de orçamento nacional da seguridade social, que foi se consolidando à medida que a regulação federal definia em que programas os recursos vinculados deveriam ser aplicados.

Embora houvesse a vinculação de recursos dos entes federados à educação, que precedeu o novo texto constitucional, ela estabelecia uma obrigação genérica, cabendo aos entes federados dispor sobre o uso dos recursos vinculados ao setor. Também nessa área, todavia, a situação mudou com progressiva ampliação do escopo de programas nacionais, criação do FUNDEF e sua posterior transformação no FUNDEB, criação

---

[11] Rezende (2013-2).

de pisos salariais, etc. Indiretamente, a ampliação dos exames nacionais de desempenho escolar pode ter contribuído para isso, na medida em que induziu maior direcionamento dos currículos escolares (controlados pelos estados) para que estudantes pudessem se sair melhor nesses exames.

Um levantamento não exaustivo das normas federais que regulam as aplicações de recursos estaduais e municipais na saúde e na educação consta de estudo recente (REYES, 2013), e a indicação de como elas influenciam o uso dos recursos destinados a esses setores pode ser vista nos gráficos que mostram o destino dos recursos transferidos pelo governo federal.

GRÁFICO 1
Transferências FNS-estados

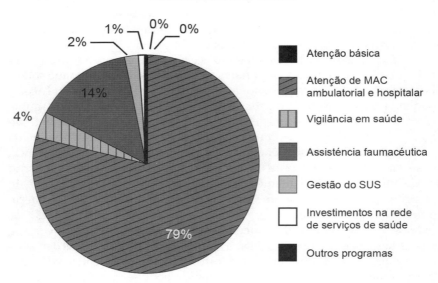

Outra forma de promover a centralização das decisões sobre a nova agenda social do Estado foi a ênfase na municipalização da gestão dessas políticas. Na saúde, as mudanças promovidas recentemente abandonaram critérios anteriores, que dividiam municípios em grupos segundo condições que exibiam para gerenciar programas do SUS, pelos quais apenas aqueles que fossem enquadrados na categoria de habilitados à gestão plena recebiam recursos diretamente do governo federal, ficando os demais total ou parcialmente sob a tutela dos respectivos governos estaduais. Com a referida mudança, o repasse direto de recursos federais aos municípios para serem aplicados na saúde foi universalizado.

Na educação, as regras do FUNDEF e seu sucessor também contribuíram para grande avanço da municipalização do setor, ao promover profunda redistribuição dos recursos vinculados em benefício dos municípios, reduzindo a influência do governo estadual na gestão das políticas nacionais controladas pelo governo federal.

GRÁFICO 2
Transferências FNS-municípios

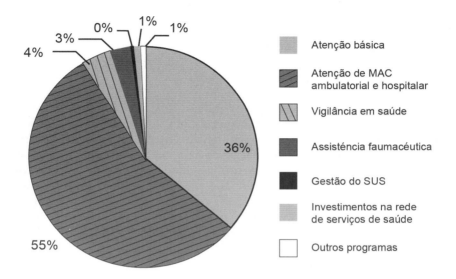

Outro aspecto pouco lembrado, a respeito dessa questão, é a contribuição que o ritmo acelerado de urbanização do país, acompanhado que foi da concentração de parcela expressiva da população pobre nas grandes metrópoles e principais aglomerados urbanos, deu ao reforço da centralização da agenda social do Estado brasileiro. Nesse caso, papel importante coube aos mecanismos utilizados para ampliar programas sociais e à unificação de programas de transferência de renda com a adoção do Bolsa Família. Embora os recursos sejam repassados diretamente aos beneficiários, a participação dos prefeitos na seleção daqueles que preenchem as condições de acesso a esses programas estabelece vínculo importante entre lideranças municipais e autoridades federais encarregadas da sua administração.

Além da urbanização e da concentração da população urbana, as acentuadas mudanças no perfil demográfico e econômico da população reforçaram a capacidade de o governo federal controlar a nova agenda do estado. O envelhecimento da população repercutiu nos gastos com os regimes público e privado de previdência, com o efeito em cascata das normas que regulam a aposentadoria de servidores públicos aumentando o peso desses gastos nos orçamentos estaduais e municipais. Ao mesmo

FERNANDO REZENDE
CONFLITOS FEDERATIVOS: ESPERANÇAS E FRUSTRAÇÕES – EM BUSCA DE NOVOS CAMINHOS...

tempo, as mudanças no topo e na base da pirâmide etária pressionaram as despesas com programas de saúde e de educação básica, reforçando a posição do governo federal para editar normas voltadas para impor padrão mínimo à provisão desses serviços a famílias de baixa renda residentes em regiões menos desenvolvidas.[12]

O foco na pobreza e na provisão de serviços básicos às populações necessitadas da assistência do Estado produziu efeito colateral não antecipado – significativa melhoria na redução das disparidades na repartição da renda familiar não acompanhado da interrupção do processo de convergência das rendas regionais. Em outras palavras, descompasso entre convergência social e convergência regional.

Esse descompasso explica grande parte da retomada do conflito regional e suas consequências para a federação. Com a redução de oportunidades de emprego na porção meridional do país, que se seguiu à redução do ritmo de crescimento econômico, parcela expressiva de jovens engrossou a população urbana das demais regiões, passando a demandar maiores oportunidades de emprego nas cidades. Na ausência de nova política de desenvolvimento regional comandada pelo governo federal, o recurso a benefícios fiscais do ICMS pode ter sido a única opção que restou às lideranças políticas regionais para atender parcialmente a essa demanda, acendendo o estopim da guerra fiscal.

Para a nova etapa dessa guerra, a desatenção dos estados às mudanças promovidas na década de oitenta, durante os trabalhos da Constituinte, deu importante contribuição. Como vimos no capítulo anterior, as reivindicações feitas em 1988 pelos estados por descentralização fiscal se concentraram na repetição de fórmulas do passado: redistribuição de competências tributárias em benefício dos estados mais desenvolvidos, e ampliação de transferências para compensar os não industrializados. Isso redundou na incorporação dos antigos impostos únicos à base do ICMS e no aumento do percentual do IPI e do IR incorporado aos fundos constitucionais.

Esqueceram, entretanto, de aproveitar a oportunidade da revisão constitucional para reverter duas medidas adotadas nas últimas fases do regime militar: a introdução do regime diferenciado de alíquotas do ICMS aplicado ao comércio entre as regiões; e o desequilíbrio da representação política no Congresso Nacional. O diferencial de alíquotas foi criado na década de oitenta para promover a redistribuição das receitas do ICMS cobrado sobre produtos industrializados no comércio Sul-Norte, de modo

---

[12] Segundo informação fornecida pelo Secretário da Fazenda de Mato Grosso do Sul, no período 2009-2012, o índice que estabelece o reajuste do piso nacional dos professores estaduais acumulou reajuste três vezes maior do que o INPC (52,7%, para o primeiro; e 17,6%, para o segundo) indicando o impacto que essa medida provoca nos gastos do estado nesse setor (AFONSO, 2013).

CAPÍTULO 2
ATUALIDADE: CRISE E DESAFIOS – A FRAGILIZAÇÃO DA POSIÇÃO DOS ESTADOS NA FEDERAÇÃO | 43

a aumentar a participação dos estados não industrializados no montante arrecadado no consumo desses produtos, tendo a última rodada de ampliação das diferenças de alíquotas ocorrido já posteriormente à promulgação da nova Carta Magna. O desequilíbrio na representação política, criado em 1977 com o objetivo de evitar o crescimento dos partidos de oposição na composição dos representantes estaduais no Congresso Nacional, em vez de revisto, foi ampliado durante a elaboração da nova Constituição. A desatenção a essas questões proporcionou condições mais favoráveis à escalada da guerra fiscal. Com a incorporação das novas bases tributárias, a receita dos estados mais industrializados ganhou reforço considerável, permitindo que eles pudessem utilizar o diferencial de alíquotas do imposto estadual para atrair investimentos industriais e, assim, dar resposta política à demanda por geração de melhores oportunidades de emprego nas cidades. Ao mesmo tempo, o aumento do desequilíbrio na representação política reforçou a capacidade de resistência a mudanças no regime tributário para pôr fim a essa prática, que, embora agrida a legislação vigente, não encontra caminhos para ser interrompida. Cabe lembrar que a desatenção ao fato de que o novo texto constitucional inviabilizou a aplicação das sanções previstas na Lei Complementar nº 24/75 também explica a dificuldade enfrentada para pôr fim à guerra fiscal.

A concentração do foco dos debates sobre a crise do federalismo, na guerra fiscal entre os estados, concorre para que o problema seja tratado como questão que diz respeito apenas a eles, ignorando reais consequências dessa crise para o país. Nessa perspectiva, a reforma do ICMS é apresentada como problema que interessa principalmente aos estados, com o governo federal adotando posição ambígua de facilitador de difícil negociação política, que não se resolve apenas mediante oferta de recursos financeiros para compensar perdas, tanto de receitas quanto de condições para preservar investimentos que se beneficiaram dessa guerra.

A falta de apetite do governo federal para liderar processo de negociação, com o objetivo de atenuar conflitos federativos, se manifestou no desinteresse pela proposta elaborada por Comissão de Especialistas nomeada pelo então Presidente do Senado Federal, José Sarney, em 2012, para elaborar propostas que visassem ao fortalecimento do pacto federativo. Os trabalhos dessa Comissão buscaram reunir os vários temas que estavam na pauta dos debates sobre a crise federativa para dar tratamento conjunto aos seus quatro itens principais: reforma do ICMS, revisão dos critérios de partilha do FPE, revisão dos parâmetros de renegociação das dívidas, e adoção de novas regras para a repartição dos *royalties* do petróleo – além de outras questões correlatas.[13] A possibilidade de reunir o debate

---

[13] Para versão completa das propostas elaboradas por essa comissão, consulte-se Senado Federal (2012).

sobre essas questões oferecia oportunidade única para negociação que pudesse contrapor interesses divergentes em torno de cada uma dessas questões, o que poderia facilitar o encontro de soluções satisfatórias e abrir caminho à combinação de mudanças no federalismo fiscal. No entanto, a proposta elaborada por essa Comissão sequer foi discutida, tendo sido devidamente engavetada.

Na ausência de perspectiva concreta de solução para crise federativa, os conflitos regionais adquirem enorme complexidade e acarretam sérios prejuízos ao país. Portanto, a busca de soluções não pode limitar-se a questões pontuais, como a insistência em tratar isoladamente os problemas do ICMS. É preciso alargar o escopo da análise e examinar as interdependências entre as distintas dimensões desse fenômeno para encontrar caminho que conduza a uma solução política do problema.

2.3 As múltiplas faces do conflito e suas implicações

A face mais visível das consequências do acirramento dos conflitos federativos é a queda da participação dos estados na repartição do bolo fiscal, que resulta da estabilidade na carga tributária global do ICMS e do encolhimento da base do FPE. Os dados a respeito são amplamente conhecidos, e a expressão desse fenômeno se manifesta numa queda de 10 pontos percentuais na fatia dos estados nesse bolo, que caiu para cerca de 25%, no início desta década.

Não obstante a relevância dessa perda, ela não foi suficiente para despertar a necessidade de formar consciência coletiva dos problemas estaduais. Em lugar de unirem-se para defender o interesse comum, os estados optaram por reativar o velho conflito regional, ignorando os riscos decorrentes dessa opção.

A reativação do conflito foi estimulada por duas ocorrências simultâneas: a abertura da economia e a contribuição das novas bases tributárias para os orçamentos dos estados não industrializados. Nesse novo contexto, a escalada da guerra fiscal pode contar com a possibilidade de desviar investimentos em novos projetos industriais, inclusive oriundos do exterior, para regiões que não tinham tradição nessa área, mediante concessão de generosos benefícios fiscais. Mas a repartição dos ganhos decorrentes dessa prática não trouxe benefícios para todos.

Estudos produzidos por especialistas da questão regional mostraram que a interrupção do processo de convergência de rendas entre as grandes regiões do país foi acompanhada de forte aumento da disparidade das rendas intrarregionais, que se seguiu a um processo de desconcentração das atividades industriais e formação de polos econômicos em algumas porções do território nacional, compondo rede urbana que conecta as principais metrópoles brasileiras a centros produtivos das mesmas e de outras regiões do país. A importância dessa rede urbana foi demonstrada em estudo recente do IBGE (2007). São 12 redes comandadas por 12 metrópoles, das quais três – São Paulo, Rio de Janeiro e Brasília – são consideradas metrópoles nacionais pelo alcance das suas conexões econômicas, públicas e empresariais. Um terço da população brasileira reside na área coberta por essas doze metrópoles, e nelas é gerado pouco menos da metade do PIB nacional. Em todas elas, a área metropolitana responde por parcela expressiva do PIB estadual, cabendo observar que, em algumas (Fortaleza, Recife e Rio de Janeiro), essa participação alcança cerca de dois terços do PIB estadual. A Tabela 1 resume os dados a respeito.

TABELA 1
Dimensão econômica e populacional das áreas metropolitanas

Áreas Metropolitanas	Partic. Relativa PIB Nacional	Partic. Relativa População	PIB per capita áreas metropolitanas/ PIB per capita nacional (em%)
Área Metropolitana de Salvador	1,99	1,81	109,83
Área Metropolitana de Fortaleza	1,35	1,85	72,95
Região de Integr. Desenvolv. do DF e Entorno	4,04	1,35	300,05
Área Metropolitana de Goiânia	0,94	1,08	86,96
Área Metropolitana de Belo Horizonte	3,24	2,56	126,97
Área Metropolitana de Belém	1,66	1,93	85,65
Área Metropolitana de Recife	2,51	1,64	153,28
Área Metropolitana de Curitiba	7,41	6,14	120,70
Área Metropolitana de Rio de Janeiro	2,98	2,08	143,59
Área Metropolitana de Porto Alegre	18,93	2,08	143,59
Área Metropolitana de São Paulo	18,93	10,32	183,43
Total	45,67	31,82	

Peso econômico das áreas metropolitanas nas economias estaduais – 2010

Áreas Metropolitanas	PIB R$ milhões	% Particip. do PIB estadual
Área Metropolitana de Salvador	75.076	48,64
Área Metropolitana de Fortaleza	50.906	65,38
Área Metropolitana de Goiânia	35.281	36,16
Área Metropolitana de Belo Horizonte	122.310	34,81
Área Metropolitana de Belém	23.340	29,98
Área Metropolitana de Recife	62.471	65,63
Área Metropolitana de Curitiba	94.798	43,63
Área Metropolitana de Rio de Janeiro	279.188	68,58
Área Metropolitana de Porto Alegre	112.355	44,50
Área Metropolitana de São Paulo	713.585	57,20

Fonte: Cândido Jr. (2013).

As doze metrópoles identificadas no estudo em tela formam o núcleo de uma rede que articula outros 31 centros urbanos importantes, incluindo as capitais estaduais e outros polos econômicos importantes localizados nas regiões Sul e Sudeste. No total, são 43 centros urbanos de mais alto nível hierárquico que articulam a rede urbana nacional, cuja conformação pode ser vista na Figura 1.

É claro que a importância de cada componente dessa rede varia, conforme a intensidade e o alcance das conexões estabelecidas com demais centros urbanos de primeira ordem, centros sub-regionais, centros de zona e número de municípios que compõem esses centros. A Tabela 2 resume os dados que revelam o peso da rede comandada por São Paulo, que abriga 40% do PIB e 28% da população do país.

TABELA 2
Hierarquia e dimensão econômica e demográfica da rede de influência das metrópoles

Redes de primeiro nível	Dimensão					
	Número de capitais regionais	Número de centros sub-regionais	Número de centros de zona	Número de municípios	População (2007)	Área (km²)
São Paulo	20	33	124	1028	51 020 582	2 279 108,45
Rio de Janeiro	5	15	25	264	20 750 595	137 811,66
Brasília	4	10	44	298	9 680 621	1 760 733,86
Manaus	1	2	4	72	3 480 028	1 617 427,98
Belém	3	11	10	161	7 686 082	1 389 659,23
Fortaleza	7	21	86	786	20 573 035	792 410,65
Recife	8	18	54	666	18 875 595	306 881,59
Salvador	6	16	41	486	16 335 288	589 229,74
Belo Horizonte	8	15	77	698	16 745 821	483 729,84
Curitiba	9	28	67	666	16 178 968	295 024,25
Porto Alegre	10	24	89	733	15 302 496	349 316,91
Goiânia	2	6	45	363	6 408 542	835 783,14

Fonte: IBGE. *Contagem da População 2007*: Área territorial oficial. Rio de Janeiro: IBGE, 2007. Disponível em: <http://www.ibge.gov.br/home/geocienciais/cartografia/default_territ_area.shtm>. Acesso em: mar. 2008.

	Participação do PIB Nacional	Participação da população	PIB *per capita* da rede (2005) R$ mil	Relação PIB *per capita* dos demais municípios da rede
São Paulo	40,50	28,00	17,04	65,74
Rio de Janeiro	14,40	11,30	14,90	98,67
Brasília	4,30	2,50	25,30	
Manaus	1,70	1,90	10,40	29,09
Belém	2,00	4,20	5,70	60,76
Fortaleza	4,50	11,20	4,70	53,95
Recife	4,70	10,30	5,35	58,75
Salvador	4,90	8,80	6,44	36,51
Belo Horizonte	7,50	9,10	9,62	64,57
Curitiba	9,90	8,80	13,14	74,10
Porto Alegre	9,70	8,30	13,61	74,85
Goiânia	2,80	3,50	9,38	103,26

Fonte: Cândido Jr. (2013).

Essa tabela mostra, ainda, as diferenças entre redes comandadas por metrópoles das regiões Sul e Sudeste e demais com repeito ao alcance, à importância e à intensidade das conexões. As redes comandadas por Manaus e Belém apresentam baixa articulação interna, em contraposição a uma forte conexão com as principais metrópoles nacionais.

FIGURA 1
Centros de mais alto nível na rede urbana nacional

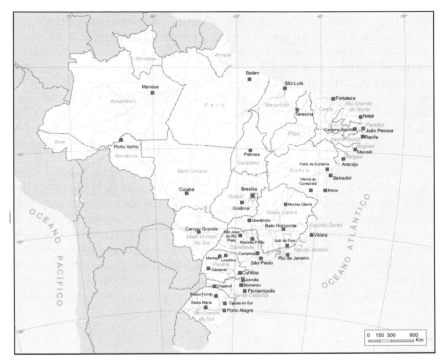

No Nordeste, as três redes urbanas regionais dividem as respectivas áreas de influência, sobrepondo-se em estados fronteiriços. A rede urbana regional de Fortaleza engloba os estados do Ceará, Piauí e Maranhão e divide com Recife, que abrange os estados da Paraíba e Alagoas, o Rio Grande do Norte. A rede urbana regional de Salvador abrange os estados da Bahia e Sergipe, além de compartilhar a área de Petrolina/Juazeiro com Pernambuco e parte do oeste da Bahia com Brasília.

A consolidação dessa rede urbana teve forte influência no nosso federalismo. A concentração de grande parcela da população de baixa renda nas cidades, associada a uma política nacional de municipalização dos serviços sociais básicos e de combate à pobreza, por meio da expansão de programas de transferência direta de renda às populações pobres aumentou a influência do governo federal nos municípios e repercutiu fortemente na política. Cresceram a importância e a influência dos prefeitos, aumentando a visibilidade e a repercussão das eleições municipais.[14] A importância dos prefeitos e das eleições municipais repercute no padrão de votação dos candidatos a uma vaga de representante dos estados em Brasília, contribuindo para a concentração espacial dos votos nas eleições para a Câmara dos Deputados. A vitória na eleição para o Executivo municipal reforça a posição do partido vencedor nas eleições posteriores para o Legislativo federal e contribui para o interesse dos eleitos em atuar em benefício de suas bases eleitorais. Forma-se um círculo que reforça a aliança entre ambos, na medida em que os representantes dos estados na Câmara buscam apoiar a liberação de recursos aos municípios de suas bases eleitorais, o que aumenta o poder dos prefeitos e repercute nas sucessivas rodadas eleitorais.

Evidências indiretas da operação do círculo mencionado no parágrafo anterior são fornecidas pela acentuada transformação no perfil das transferências voluntárias da União aos demais entes federados (GRÁFICO 3). A forte queda nas transferências recebidas pelos estados foi acompanhada de movimento inverso com respeito às recebidas pelos municípios, praticamente invertendo, em 2013, a relação que vigia em 1997. Em 2013, as transferências voluntárias direcionadas aos municípios foram duas vezes maiores do que as dirigidas aos estados, revelando aprofundamento dos laços que conectam o governo federal com municípios e refletindo a influência da política nesse processo.

GRÁFICO 3
Voluntárias redirecionadas
Transferências voluntárias da União aos estados e municípios

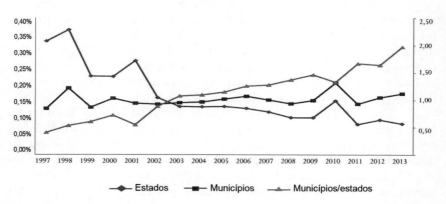

Fonte: Afonso (2013).

---

[14] O quarto capítulo examina em detalhes essa questão.

Nesse contexto, as eleições estaduais ganham forte conteúdo municipalista e concorrem para a formação de um processo de municipalização da política estadual, na qual a contrapartida do aumento da influência dos municípios são a redução da influência dos estados na política nacional e o enfraquecimento da posição dos estados na federação.

Evidências da fragilização dos estados brasileiros foram objetos de estudos comparativos que buscaram medir o grau de autonomia de governos regionais em diferentes países, tanto federais quanto unitários, cujos resultados foram resumidos por Arretche e Schlegel (2013). Mesmo tomando em conta que a medida utilizada por eles – o *Regional Authority Index* desenvolvido por Hoogue, Marks e Schakel (2010) – sobre-estima a posição dos governos regionais brasileiros, os resultados desse estudo mostram que o grau de autonomia dos estados brasileiros, medida por esse índice, é mais ou menos a metade daquele alcançado na Alemanha e Bélgica e cerca de 60% inferior ao valor encontrado para estados norte-americanos, províncias canadenses e governos regionais de Estados unitários, como Itália e Espanha. Das demais federações analisadas, o índice do Brasil equipara-se ao da Rússia e só supera o da Suíça (GRÁFICO 4).

GRÁFICO 4
Comparando o Brasil de hoje

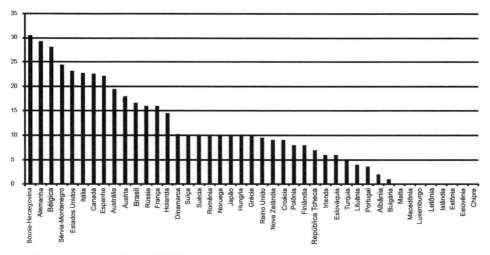

Fonte: Arretche e Schlegel (2013).

O índice em questão busca sintetizar duas medidas de autonomia regional: a própria, isto é, a capacidade de se autogovernar; e a partilhada com o governo nacional. Os parâmetros utilizados para aferir essas duas dimensões da autonomia regional são relacionados na Tabela 3.

A pontuação do Brasil é relativamente alta quando a medida refere-se ao autogoverno, mas é relativamente baixa quando a medida refere-se ao governo compartilhado. E é essa diferença que sobre-estima o grau de autonomia dos governos estaduais brasileiros no índice geral, pois a medida do autogoverno toma por base as normas legais, e não o que se verifica na prática.

TABELA 3
Dimensões do indice de RAI

Autogoverno	Governo compartilhado
Profundidade institucional • medida em que o governo regional é autônomo mais do que concentrado.	Participação no processo legislativo • medida em que os representantes regionais codeterminam a legislação nacional.
Amplitude de políticas • de políticas pelas quais o governo regional é responsável.	Controle do Executivo • medida em que o governo regional codeterminam as políticas nacionais em regiões intergovernamentais.
Autonomia fiscal • medida em que o governo regional pode taxar sua população de forma independente.	Controle fiscal • medida em que os representantes regionais codeterminam a distribuição da arrecadação nacional.
Representação • medida em que o governo é dotado de câmara legislativa e Executivo.	Reforma constitucional • medida em que os representantes regionais codeterminam mudanças constitucionais.

Fonte: Arretche e Schlegel (2013).

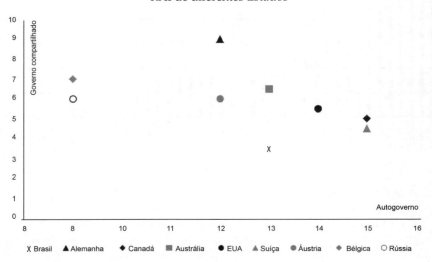

GRÁFICO 5
RAI de diferentes Estados

Fonte: Arretche e Schlehel (2013).

A sobre-estimação mencionada revela-se nas notas atribuídas aos componentes do índice que mede a capacidade de autogoverno: num máximo de 4, os estados brasileiros obtêm a nota 3 para indicadores que medem sua influência nas políticas, a profundidade institucional e a representação contrastando com a realidade vigente, que aponta para ampla regulação federal das políticas econômicas e sociais, baixa capacidade de exercício do poder Legislativo e predominância da desconcentração sobre a descentralização (GRÁFICO 5).

Retrato mais representativo da realidade vivenciada pelos estados brasileiros é fornecido pelos resultados de pesquisa de opinião conduzida pelo Centro de Estudos da Metrópole, que entrevistou 2.285 pessoas em todo o Brasil (ARRETCHE; SCHLEGEL; FERRARI, 2013).

Conforme resultados sintetizados nos Gráficos 6, 7 e 8, a população capta com propriedade a perda de influência dos estados na vida nacional. Com a única exceção da região Norte, a população credita ao presidente da República e, em seguida, ao prefeito a responsabilidade pelas decisões mais importantes para a vida nacional. E esse fato se reflete na percepção de que as eleições para prefeitos são mais importante do que as eleições para governadores (nesse caso, o Centro-Oeste também é exceção). Consequentemente, na opinião dos entrevistados, governadores, além do presidente, deveriam ter mais poder (nesse caso, sem exceção). A destacar o fato de que no Sul a população acredita que os prefeitos deveriam ter mais poder que o presidente.

GRÁFICO 6
Decisão mais importante (por macrorregião)

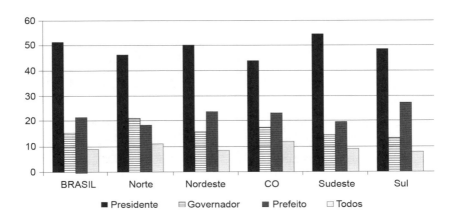

Fonte: Survey Imagens da Federação (ARRETCHE; SCHLEGEL; FERRARI, 2013).

GRÁFICO 7
Eleição mais importante (por macrorregião)

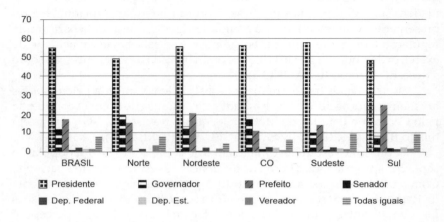

Fonte: Survey Imagens da Federação (ARRETCHE; SCHLEGEL; FERRARI, 2013).

GRÁFICO 8
Quem deveria ter mais poder (por macrorregião)

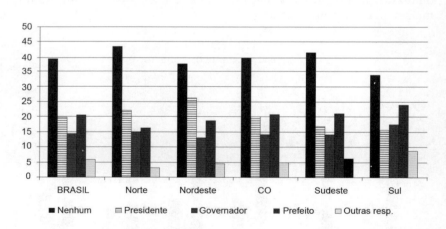

Fonte: Survey Imagens da Federação (ARRETCHE; SCHLEGEL; FERRARI, 2013).

A percepção popular é corroborada em estudo comparativo sobre o grau de concentração de poderes no presidente da República em cinco países latino-americanos, dos quais apenas o Brasil é uma federação. Nesse estudo, apresentado em seminário realizado na CAE do Senado Federal, em 27 de novembro de 2013, o Brasil supera por larga margem todos os demais países nos quesitos que tratam do poder de ação do Executivo federal, ficando abaixo de Chile e Colômbia nos quesitos que tratam do poder de reação. No cômputo geral, os poderes legislativos atribuídos aos presidentes de Brasil, Chile e Colômbia se equivalem e são muito maiores do que os encontrados na Guatemala e no Paraguai (GRÁFICO 9).

GRÁFICO 9
Força presidencial comparada

Poderes Legislativos presidentes*

	Decreto	Pressuposto	Subtotal poderes de ação	Veto	Veto parcial	Indicativa Exclusiva	Subtotal poderes de reação	Poderes de Plebiscito	Total Poderes Legislativos
Brasil	1,00	0,91	0,96	0,15	0,15	0,67	0,38	0,00	0,60
Chile	0,33	0,73	0,50	0,85	0,85	0,67	0,77	1,00	0,68
Colômbia	0,67	0,64	0,66	0,31	0,31	0,67	0,46	1,00	0,57
Guatemala	0,33	0,18	0,27	0,77	0,00	0,00	0,22	1,00	0,31
Paraguai	0,00	0,64	0,27	0,23	0,23	0,00	0,13	0,00	0,20

Valores normalizados em uma escala de 0 a 1. Valores próximos de 0 indicam baixo poder presidencial, valores próximos de 1 indicam altos poderes.
Fonte: Payne (2006a).
Compilado de Francisco Diaze Jorge Rodriguez (CIEPLAN, 2013).

Fonte: Afonso (2013).

A percepção popular também repercute no aumento do apoio parlamentar aos presidentes brasileiros, que alcançou níveis recordes nos dois últimos mandatos presidenciais (GRÁFICO 10).

A centralização da agenda social mencionada no início deste texto tem muito a ver com os resultados da pesquisa de opinião pública e com o aumento do apoio parlamentar aos presidentes brasileiros e está também refletida nos resultados da pesquisa recentemente divulgada pela Folha de São Paulo. A pesquisa mencionada, conduzida pelo Datafolha nos dias 28 e 29 de novembro de 2013,[15] mostrou que os brasileiros que se inclinam

---

[15] A pesquisa realizou entrevistas em 194 municípios. O perfil ideológico dos entrevistados é bem equilibrado: 41% se alinham mais à esquerda; 39%, à direita; e 20% se identificam com o centro.

ideologicamente para a esquerda creditam à ação do governo grande parte da responsabilidade por fazer a economia crescer, evitar abusos de empresas, proteger trabalhadores e conceder benefícios à população, preferindo pagar mais impostos para receber serviços gratuitos de educação e de saúde e colocando-se em franca oposição ao pensamento dos brasileiros que se inclinam para a direita. Na questão dos impostos, as posições dos dois grupos são equidistantes: 47% dos que se identificam com a esquerda preferem pagar mais e receber serviços gratuitos; enquanto 47% dos que se identificam com a direita pensam exatamente o contrário.

GRÁFICO 10
Apoio parlamentar aos presidentes

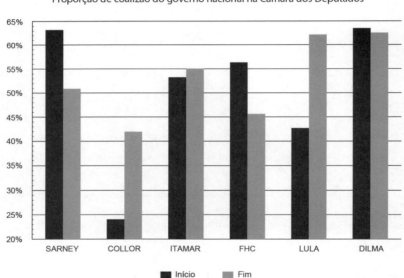

Fontes primárias: CEBRAP e Marta Arretche.

Fonte: Afonso (2013).

Como a centralização da agenda social beneficia exatamente os que se identificam com a esquerda, que, em geral, são mais jovens e têm maior escolaridade, mas ganham menos, esse fato explica a baixa reação da sociedade brasileira aos números que mostram a distância que a carga tributária suportada pelos brasileiros exibe em relação a outros países com renda *per capita* semelhante à nossa (GRÁFICO 11). Se parcela expressiva da população identifica a alta carga tributária com a preferência por maiores serviços sociais, isso explica a dificuldade que o Brasil encontra para promover reformas no sistema tributário nacional, apesar da má qualidade dos tributos cobrados.

GRÁFICO 11
Carga tributária comparada

Fora da curva

Carga tributária x PIB *per capita*: países selecionados • 2010

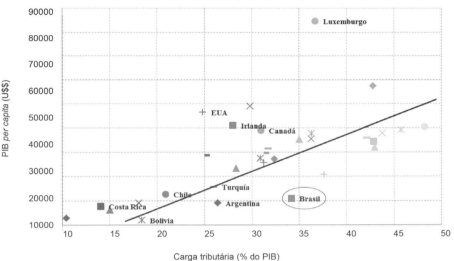

Fonte: Afonso (2013).

2.4 Fragilidade e desequilíbrios estimulam os conflitos e repercutem na economia

O acirramento dos conflitos federativos é outra manifestação da fragilidade da posição dos estados na federação; e isso remete à questão da ausência de fórum apropriado para tratar de assuntos de interesse comum dos governos estaduais. O Conselho Nacional de Política Fazendária (CONFAZ) sobreviveu à reforma constitucional de 1988, mas sem condições efetivas para coordenar a política tributária estadual e atuar em defesa da preservação da base tributária dos estados. Fortaleceu-se tecnicamente; contudo, perdeu a condição de atuar politicamente com base numa visão estratégica voltada à preservação da autonomia financeira e à promoção da harmonia federativa.

Mas, em vez de pôr em debate a necessidade de criar nova instituição dotada de capacidade para desenvolver estratégia de atuação coletiva voltada ao fortalecimento do conjunto, os estados são levados a examinar propostas que visam eliminar a única regra que trata de evitar ruptura definitiva na noção de coletividade: a exigência de unanimidade de votos para a concessão de benefícios fiscais do ICMS. Essa regra foi estabelecida na Lei Complementar nº 24, de 1975, como condição para a pacificação da competição fiscal praticada com o antigo ICM, e, apesar de ter sido sucessivamente desrespeitada, ainda é o único elo que impede a escalada de conflito com consequências imprevisíveis ao federalismo brasileiro.

Não obstante as ameaças de promover estragos maiores nas relações federativas, o esforço que os estados fizeram, em 2012, para alcançar entendimento em torno de mudanças no ICMS permite extrair dessa tentativa sinais de otimismo. Parece estar se disseminando a percepção de ser preciso fazer algo para evitar a continuidade de um processo que corrói as próprias bases tributárias estaduais, à medida que o agravamento dos conflitos repercute na economia e, portanto, no poder de atuação dos governos estaduais.

A perda de competitividade da economia brasileira tem múltiplas causas, mas o empenho dos estados em avançar em mudanças, ainda que pontuais, indica o reconhecimento de que as distorções provocadas pelo ICMS é, sem sombra de dúvida, uma delas. Em 2013, o Brasil ocupava a 56ª posição no *ranking* mundial de competitividade, divulgado pelo fórum econômico mundial, atrás de México, África do Sul, Turquia e China, lugar pouco confortável para assegurar crescimento econômico compatível com aspirações de progresso e bem-estar social de sua população.

O agravante nesse resultado é a explicação para a posição ocupada pelo Brasil. Conforme mostram informações reunidas na Tabela 4, o mau resultado do Brasil deve-se predominantemente aos fatores que dependem do setor público, pois ele se equipara aos demais países do BRICS nos quesitos que dizem respeito à atuação do setor privado.

Ademais do impacto global na competitividade da produção nacional, as deficiências geradas por ação ou omissão dos governos repercutem com particular intensidade na indústria, em razão de sua maior exposição à competição internacional. Não por acaso, a queda da participação da indústria de transformação no PIB nacional foi acentuada nos últimos 15 anos, tendo se acelerado na primeira década deste século, conforme mostram números exibidos no Gráfico 12.

TABELA 4
Posição de países selecionados nos indicadores de competitividade avaliados – setores público e privado

	Brasil	China	Índia	Rússia
Qualidade do ensino de Matemática e Ciências	136	48	32	56
Carga tributária total	140	131	128	124
Desperdício nos gastos do governo	132	29	87	99
Carga de regulação governamental	147	14	104	120
Qualidade da infraestrutura	114	74	85	93
Média do setor público	134	59	87	98
	Brasil	China	Índia	Rússia
Gasto das empresas com P&D	37	22	39	69
Qualidade do fornecedor local	49	69	76	111
Proteção do interesse dos minoritários	26	75	52	132
Sofisticação do processo produtivo	35	58	52	105
Capacidade de inovação	36	30	41	64
Média do setor privado	37	51	52	96

Fonte: Apresentação de Delfim Netto na Associação Comercial de São Paulo, em 01.10.2013.
Elaboração: Ideias Consultoria *apud* Calabi (2013).

GRÁFICO 12
Encolhimento da indústria

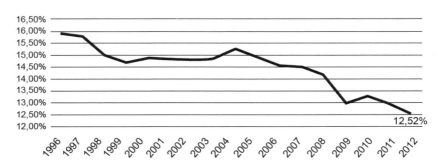

Participação da indústria de transformação no PIB

Fonte: contas trimestrais IBGE.
Fonte: Calabi (2013).

O lado trágico desse fenômeno é que ele gera efeitos antagônicos na economia e na receita dos estados, pelo menos em curto prazo. Na economia, ele contribui para a deterioração da balança comercial e, portanto, para acumular problemas futuros, quando o cenário externo não for favorável ao financiamento do desequilíbrio nas contas externas. Na receita, ele pode até trazer vantagens aos estados, pois o imposto arrecadado nas importações pode superar o que seria obtido em aquisições interestaduais.

Em razão do diferencial de alíquotas aplicadas ao comércio interestadual, os estados não perdem base tributária com a desindustrialização do país – ao contrário, chegam a ganhar. Por isso, o fato de que o crescimento das vendas no comércio varejista, no período 2004-2013, foi sendo crescentemente suprido por importações, chegando a quase 100% no último ano do período em tela (GRÁFICO 13), não foi motivo de preocupação para as fazendas estaduais.

GRÁFICO 13
Importações suprem o aumento do consumo

Fonte: PIM e PMC (IBGE).

Fonte: Calabi (2013).

Mas a preservação dessa distorção não é sustentável em médio e longo prazos. A desindustrialização do país concorre para reduzir o valor adicionado na economia e a base tributária nacional, afetando a todos. Em paralelo, o recurso a pesadas alíquotas tributárias incidentes sobre alguns insumos básicos (combustíveis, energia e telecomunicações) inibe o desenvolvimento, no país, de atividades terciárias que utilizam intensivamente esses insumos, o que elimina a possibilidade de a queda no valor adicionado pela indústria ser compensada por aumento do valor agregado pelos serviços. Como grande parte da expansão das atividades agrícola, pecuária e extrativa destina-se ao mercado externo, o cenário futuro aponta para crescentes dificuldades de sustentar a carga tributária por meio da cobrança de impostos modernos. A alternativa de tentar manter o *status quo* mediante maior retrocesso na qualidade do sistema tributário só aumentará o ônus imposto aos principais beneficiários das políticas sociais do governo brasileiro, que, no limite, pagarão mais do que recebem. Nesse caso, em pouco tempo, nova pesquisa da Folha de São Paulo poderá demonstrar resultado oposto daquele mencionado pela pesquisa realizada em novembro de 2013.

A solução para problemas gerados pelo ICMS não é questão que diga respeito apenas aos interesses dos estados e empresários do setor industrial. Ela é do interesse de todos. A não solução inverterá o sentido do impacto mencionado no início deste texto, quando feito alerta de que a centralização da agenda social do Estado atropelou a federação. A manter a presente trajetória, a crise da federação repercutirá nacionalmente e atropelará a agenda social. Urge buscar solução para o problema.

2.5 Comentários finais

Os esforços que os estados fizeram, em 2013, para buscar entendimento que viabilizasse mudanças pontuais, mas importantes, no ICMS, não devem ser vistos como tendo sido em vão. Essa foi a primeira vez que, em muitos anos, os estados conseguiram se unir em torno de proposta nessa área, ainda que, volta e meia, algumas dissensões tenham se manifestado e ao final desse longo diálogo tenham faltado três votos para a unanimidade.

No entanto, conforme mencionado, o esforço feito deve ser visto positivamente. De um lado, ele revela que aumenta a percepção de todos com respeito aos riscos envolvidos na ampliação dos conflitos e a decorrente necessidade de mudanças. De outro, deixa lições importantes para o fortalecimento do diálogo interestadual, que ganhou nova dimensão com a disposição de todos em ceder posições individuais para construir acordo coletivo. É importante, pois, que esse diálogo tenha continuidade, agregando novos elementos e perspectivas, para que conduza à formação de agenda coletiva dos interesses estaduais na federação.

A continuidade desse diálogo é essencial para construir um federalismo amparado na essência de um princípio que deve orientar a opção por esse regime: promover a unidade na diversidade. Para isso, conforme destacado nos comentários finais do primeiro capítulo deste livro, é necessário ter em conta que: a diversidade pode contribuir para a unidade, a unidade não deve dissolver a diversidade na homogeneidade, e unidade e diversidade não podem ser vistas como contraditórias.

A opção pela centralização da agenda do Estado definida na Constituição de 1988 vem contribuindo para dissolver a diversidade na homogeneidade e, assim, contrariar a tese de que elas não devem ser vistas como contraditórias. É preciso por isso em debate.

CAPÍTULO 3

PANO DE FUNDO: O QUE ESTÁ POR DETRÁS DOS CONFLITOS

3.1 Introdução

Elaborada em ambiente marcado por forte clima emocional e reivindicações por universalização dos direitos de cidadania e de descentralização político-administrativa, a Constituição de 1988 atribuiu ao Estado brasileiro nova agenda, na qual a ampliação dos direitos sociais ganhou posição de destaque, movida pela demanda da sociedade por universalização do acesso aos serviços indispensáveis à melhoria das condições de vida das classes menos favorecidas da população. Conforme reza o artigo 6º da Constituição: "artigo 6º – são direitos sociais, a educação, a saúde, o trabalho, a moradia, o lazer, a segurança, a previdência social, a proteção à maternidade e à infância, a assistência aos desamparados, na forma desta Constituição".

A atribuição ao Estado da responsabilidade por garantir o exercício integral desses direitos, por todos os cidadãos, foi acompanhada da criação de condições para proporcionar o acesso gratuito a serviços necessários ao usufruto desses direitos por todos aqueles que não dispusessem de condições financeiras necessárias para tanto. Novas contribuições criadas para financiar a provisão desses serviços e vinculações de receitas de impostos deveriam cuidar dessa questão.

Figura central no conjunto das garantias financeiras instituídas à época para viabilizar o financiamento dessa nova agenda foi a seguridade social. Repercutindo a influência dos movimentos sociais, que tiveram participação destacada na elaboração do novo texto constitucional, a seguridade social, na prática, significava estender a todos os cidadãos o acesso à previdência, saúde e assistência social, que anteriormente era proporcionado pelo antigo Instituto de Previdência apenas aos trabalhadores formalmente empregados e suas famílias. Daí a redação do artigo 194: "artigo 194 – a seguridade social compreende um conjunto integrado de ações de iniciativa dos poderes públicos e da sociedade, destinadas a assegurar os direitos relativos à saúde, à previdência, e à assistência social".

De certa forma, ainda que não explicitamente abrigado na seguridade social, o trabalho acabou contando com as receitas da seguridade, mediante vinculação das receitas do PIS/PASEP ao financiamento do seguro-desemprego e ao pagamento do abono salarial aos trabalhadores cuja remuneração não exceda dois salários mínimos mensais (artigo 239 da Constituição).

A educação, que já gozava da garantia financeira reinstituída anos antes pela chamada Lei Calmon, teve ampliada essa garantia, com o aumento para 18% do percentual mínimo da receita de impostos federais a ser aplicada no setor e para 25%, no mínimo, das receitas orçamentárias de estados e municípios a serem aplicadas nessa área.

Em virtude das garantias instituídas no texto constitucional, o conjunto abrangido pelos componentes da seguridade social, mais a educação, assumiu papel preponderante na nova agenda do Estado, tendo se expandido regularmente ao longo das duas últimas décadas, impulsionado, inicialmente, pela regulamentação dos dispositivos constitucionais que tratam da previdência e da assistência e, posteriormente, por novos fatos que contribuíram para isso, como veremos adiante.

A implementação da nova agenda do Estado enfrentava obstáculos adicionais, além da capacidade de mobilização de recursos financeiros: a desorganização da administração pública e a baixa estima do funcionalismo, que resultaram da desastrada reforma administrativa do governo Collor e da política de contenção dos salários dos servidores, que marcou a década de oitenta.

A mobilização das entidades representativas do funcionalismo cuidou de plantar a semente da mudança nessa área, com a inclusão no texto constitucional de uma série de direitos, entre eles, a estabilidade no cargo, a isonomia de remunerações, e a aposentaria integral, que vieram a ser objeto de regime jurídico único aplicado a todos os servidores e regulamentado no chamado Estatuto do Funcionalismo. Dado o peso que os recursos humanos exercem na provisão dos serviços sociais, os gastos com o funcionalismo avançaram em sintonia com o crescimento dos recursos direcionados para os itens prioritários dessa nova agenda.

No entanto, ao contrário das providências adotadas para dotar o Estado das condições necessárias para conduzir as ações requeridas para implementar sua nova agenda, os constituintes que elaboraram o texto constitucional não levaram em conta a importância de fazer com que esse processo fosse acompanhado por análise, discussão e revisão do modelo a ser adotado na repartição das responsabilidades pela implementação dessa agenda entre os entes federados, o que contribuiu para a geração de desequilíbrios que comprometem a coesão federativa e a eficiência na gestão dos serviços.

3.2 A implementação da nova agenda do Estado e a Federação

Como observado no capítulo anterior, as medidas utilizadas para implementar a nova agenda que a Constituição de 1988 outorgou ao Estado brasileiro repercutiram fortemente na federação.

Num primeiro momento, a descentralização das receitas públicas, que resultou das mudanças no federalismo fiscal, provocou debate sobre os problemas que esse fato acarretou ao governo federal, em face de a descentralização de recursos não ter sido acompanhada de concomitante descentralização de responsabilidades, ao mesmo tempo em que o governo federal enfrentava forte pressão de aumento de gastos. A tentativa unilateralmente feita pelo governo federal para transferir maiores responsabilidades a estados e municípios, por meio do que foi chamado, à época, de "operação desmonte", não tinha condições de prosperar em face do reforço da autonomia federativa, tendo sido logo abandonada.

A opção para corrigir o desequilíbrio foi recorrer a aumentos de receita por meio da regulamentação das novas contribuições sociais previstas no texto constitucional, o que ganhou velocidade à medida que as providências adotadas 10 anos depois – para salvar o real – abriram espaço para ampliar benefícios concedidos aos mesmos setores que obtiveram seus pleitos atendidos no processo de elaboração da Constituição, especialmente interesses abrigados na seguridade social.[16]

Esse processo ganhou força com a ascensão de Lula à presidência, em razão da prioridade atribuída aos programas sociais, que se beneficiaram da recomposição do valor do salário mínimo e de medidas adotadas para ampliar os benefícios concedidos aos amparados pelo regime previdenciário (aumentos superiores à inflação, aumento do prazo para recebimento do seguro-desemprego) e forte expansão dos programas de transferência de renda a famílias necessitadas (bolsas). A criação de novas universidades públicas, a concessão de subsídios a estudantes de famílias de baixa renda e a criação de novos programas na área da saúde completavam o arsenal de medidas que contribuiu para a concomitante expansão das receitas e despesas do governo federal.

---

[16] Para detalhes a esse respeito, consulte-se Rezende *et al.* (2007).

À medida que os recursos gerados pelas contribuições sociais cresciam, o processo de descentralização das receitas públicas era revertido, gerando efeito oposto ao pretendido pelos constituintes, que defendiam associar a expansão dos direitos sociais a processo de fortalecimento da federação. Os problemas decorrentes do descaso a que foi relegada a questão da repartição de encargos públicos acarretaram não apenas a perda do espaço fiscal dos estados, mas também a redução de sua influência na política nacional, que acompanhou o relacionamento direto do governo federal com os municípios e o decorrente fortalecimento do poder municipal. Ademais, contribuíram para o acúmulo de desequilíbrios entre a repartição de recursos e de responsabilidades, criando ambiente hostil à eficiente gestão do gasto público.

3.3 A questão da repartição de responsabilidades

Regra geral, as recomendações emanadas de estudos sobre a repartição de atribuições públicas entre níveis de governo sugerem atentar para o alcance espacial das funções do Estado. Assim, aquelas funções que cuidam dos interesses nacionais, a defesa e o controle da moeda, por exemplo, devem ser exercidas pelo governo central, enquanto aquelas que cuidam de problemas que se circunscrevem a espaço geográfico limitado deveriam ser atribuídas a governos locais. Nos sistemas federativos, questão adicional refere-se aos critérios a serem adotados para definir as responsabilidades dos governos provinciais, ou estaduais. No universo das federações, tais critérios variam em razão de fatores históricos, políticos e institucionais que se refletem no grau de autonomia política e administrativa dos entes federados.

A enumeração de funções e a atribuição de competências para o seu desempenho resultam da configuração das forças políticas existentes na sociedade em dado momento. Qualquer proposta de redefinição das competências governamentais com vistas a torná-las mais "racionais" (isto é, abrangendo menores custos e trazendo mais benefícios e satisfação à população) implica na redistribuição de parcelas de poder.

No Brasil, a distribuição legal de competências entre as três esferas de governo obedece, em linhas gerais, ao esquema a seguir. A União fica com os poderes explicitamente enumerados nos artigos 21 e 22 da Constituição. Aos municípios, em decorrência do princípio da autonomia municipal, fica assegurada a competência para legislar e organizar a prestação de serviços de interesse local, conforme disposto no artigo 30 da Constituição. Aos estados, o artigo 25 atribui a competência para instituir as regiões metropolitanas, explorar os serviços de gás canalizado e tudo o que não lhes seja vedado pelo texto constitucional.

No que se refere à repartição de encargos para a prestação de serviços, predomina a indefinição de fronteiras funcionais entre as três esferas, isto é, a competência concorrente: qualquer das esferas de governo, e todas elas, pode se desincumbir, ao mesmo tempo, de uma mesma função. Merecem especial destaque, nesse caso, as atividades ligadas à prestação dos serviços sociais.

O parágrafo único do artigo 23 atribui a uma lei complementar a competência para fixar normas para a cooperação entre União, estados, Distrito Federal e municípios, tendo em vista o equilíbrio do desenvolvimento e do bem-estar em âmbito nacional. No entanto, apesar de várias discussões a respeito, essa lei complementar nunca chegou a ser editada, o que revela a dificuldade de estabelecer regras nacionais para lidar com a diversidade de situações e a complexidade envolvida na organização da prestação de serviços públicos no Brasil.

Não obstante a dificuldade apontada, a situação vigente gera duplicação de esforços e lacunas na prestação dos serviços, com grandes desperdícios (financeiros a outros) na ação governamental, que repercutem na falta de transparência e na qualidade da gestão pública. A falta de transparência acarreta a inviabilidade de os cidadãos exercerem controle sobre a ação do Estado, enquanto a ocorrência de conflitos institucionais reflete-se na perda de eficiência administrativa e na qualidade dos serviços prestados. Esses problemas são particularmente severos em regiões metropolitanas e aglomerações urbanas, devido à ocorrência de fortes desequilíbrios na repartição de recursos e de responsabilidades no espaço metropolitano.

Em que pese a dimensão política do problema em tela, alguns critérios podem embasar propostas para lidar com ele. Uma primeira recomendação aponta para o espaço em que se circunscrevem custos e benefícios de determinada atividade. Assim, aquelas atividades em que eles se restringem ao âmbito local deveriam ficar a cargo dos municípios, e as que repercutam em espaços maiores devem ser exercidas em nível regional, ou nacional, dependendo do alcance de seus efeitos. Quanto menor for o espaço geográfico em que o problema (por exemplo: poluição, congestionamento de trânsito) ou os benefícios advindos da ação governamental (na limpeza urbana, no serviço de água, por exemplo) se manifestam, maior seria o caráter local da atividade em tela.

Critério adicional para recomendar que a responsabilidade seja atribuída ao governo local é o grau de exigência técnica requerida para a provisão do serviço. Em princípio, pode-se admitir que tudo o que for simples, fácil e de pouca sofisticação tecnológica, requerendo mão de obra pouco especializada, poderá ser da competência municipal, embora isso não signifique que alguns municípios não estejam em condições de assumir funções complexas e sofisticadas. Quando a capacidade técnica for empecilho, uma opção é preparar os municípios para assumirem os respectivos encargos mediante assistência técnica e treinamento adequados. A eficiência econômica é outro critério a ser observado. Especialmente no caso de alguns serviços urbanos, a eficiência econômica depende de como se organizam as etapas de produção, transmissão e distribuição do serviço. No caso do abastecimento de água, essas etapas referem-se a: 1) captação e tratamento; 2) adução (transporte do líquido dos reservatórios às redes internas de distribuição); 3) distribuição (colocação da rede de abastecimento na porta do consumidor). De nada adianta expandir a rede de distribuição se não houver expansão concomitante em captação e adução, e vice-versa. São grandes as possibilidades de conflitos interjurisdicionais, quando uma ou mais dessas etapas estão sob responsabilidade de esferas distintas do governo. Por outro lado, são mínimas as possibilidades de tratamento uniforme à questão. Se, para alguns municípios de grande porte e para outros localizados na proximidade de mananciais que simplificam a captação, há condições econômicas e técnicas para que o serviço seja inteiramente produzido na própria jurisdição, naqueles onde essas vantagens não subsistem isso é impossível.

Outro exemplo de mesmo teor é fornecido por serviços de energia. O consumo urbano de energia elétrica para fins industriais, residenciais e de iluminação pública depende da conjunção de decisões relativas à geração, transmissão e distribuição da energia. Dessa forma, a iluminação pública – função inerente ao município – não pode ser fornecida se não houver adequada disponibilidade local de energia. Portanto, mesmo que houvesse forte preferência da coletividade por ruas mais iluminadas e capacidade financeira para tanto, o atendimento dessas preferências não dependeria apenas da atuação do governo local.

Para eficiente repartição de encargos, é necessário equilíbrio entre a repartição de responsabilidades e recursos, tarefa complexa, pois não é possível estabelecermos demarcação rigorosa de fronteiras no tocante à repartição de encargos públicos pelos motivos já apontados. Acresce-se o fato de que diferenças de capacidade econômica geram desigualdades acentuadas na capacidade de governos subnacionais contarem com recursos suficientes para a execução de suas atribuições.

A ampliação da escala urbana é outro fator que agrava problemas financeiros. O crescimento da urbanização e a concentração demográfica inflacionam de tal modo o custo de produção de serviços urbanos que seu atendimento passa a requerer volume de recursos que supera em muito possibilidades financeiras locais. No caso de programas de abastecimento de água, a captação se faz a distâncias cada vez maiores, o tratamento e a adução requerem tecnologias mais sofisticadas, e a distribuição deve ser constantemente renovada para suportar a crescente verticalização. Exemplos semelhantes poderiam ser apontados com relação a problemas de saneamento básico e transporte coletivo, cuja solução em áreas metropolitanas densamente povoadas requer recursos que desafiam qualquer capacidade de previsão.

A eleição de nível de governo mais apto para exercer determinada função depende, ainda, de como estão distribuídos instrumentos que geram melhores condições para lidar com o problema, como a regulação, a tributação, os estímulos financeiros, o acesso aos meios de comunicação, etc. Também conta o relacionamento entre governantes e governados. Em alguns casos, maior distanciamento pode ser recomendado para que os primeiros tenham maior liberdade para tomar decisões; em outros, é importante encontrar a solução institucional que mais aproxime o governo dos governados para favorecer a *accountability*. Nessa escolha, é preciso evitar que, em regiões onde o grau de heterogeneidade social é elevado, a busca da representatividade possa provocar maior iniquidade na formulação de políticas e no acesso a serviços.

Outra dimensão a ser observada trata do controle. À medida que as atribuições governamentais são assumidas por níveis de governo mais elevados, ampliam-se canais burocráticos, aumentam as distâncias hierárquicas entre os órgãos que executam e aqueles que decidem, e o controle administrativo torna-se mais impessoal e complexo. Multiplicam-se as normas, aumentam-se as exigências de preparação de relatórios e elaboração de projetos, e sofisticam-se os métodos de acompanhamento, sem que ganhos visíveis, do ponto de vista da eficiência administrativa, sejam claramente percebidos. Ao contrário, a multiplicação de estruturas burocráticas para dar conta de crescente complexidade administrativa amplia sobremaneira custos governamentais e redunda em prejuízo para a eficiência.

À época, um debate sério sobre o modelo a ser adotado na repartição das responsabilidades que a Constituição de 1988 atribuiu ao Estado brasileiro, amparado em estudos técnicos que explorassem os critérios já apresentados, poderia ter evitado que o processo de implementação da agenda social atropelasse a federação, acarretando desequilíbrios, revertendo a descentralização e contribuindo para o acúmulo de conflitos federativos. Como vimos, isso não ocorreu, e as consequências desse fato não têm sido devidamente consideradas nas análises que buscam explorar as raízes desses conflitos e procurar soluções para eles.

3.4 Urbanização, centralismo e federalismo fiscal

A análise dos conflitos federativos tem sido dominada pelas disparidades regionais. Muito se conhece sobre a realidade das diferenças de desenvolvimento entre os estados brasileiros, a associação desse fato com as disparidades regionais, e sobre as consequências disso para o equilíbrio federativo. Mas pouco se conhece sobre as disparidades entre municípios, tanto na perspectiva regional quanto na nacional. As disparidades inter-municipais são acompanhadas pelo fortalecimento das grandes cidades que compõem os nós da rede urbana e pela fragilização da posição dos estados na federação. Essa situação cria dificuldades para articular a gestão das políticas públicas em dado território e impõe limites à cooperação intergovernamental nesse campo.

A consolidação da rede urbana aumentou o poder de influência das cidades na economia e na política, mas não lhes deu condições de lidar com problemas decorrentes da concentração populacional e do perfil de seus habitantes. O abandono do planejamento urbano e a ausência de espaço para investir na infraestrutura urbana provocaram o caos nas grandes cidades. Novas iniciativas do governo federal para intervir nessa área reproduzem o velho padrão do passado: enfoque setorial e centralização com uniformização das políticas de habitação, transporte e saneamento. Ao mesmo tempo, dificuldades de relacionamento dos estados com seus municípios, em particular com os que participam de regiões metropolitanas e outros aglomerados urbanos, tornou impossível e problemática a governabilidade dessas regiões. Como lidar com essa questão num novo modelo de federalismo fiscal?

Como vimos, as mudanças nas relações intergovernamentais ocorreram à margem de qualquer debate sobre o tema da repartição de encargos. Nos últimos anos, o governo federal promoveu ambicioso processo de transferência aos municípios de responsabilidades para a gestão das políticas sociais, com ênfase em saúde, educação e programas de transferência de renda para famílias pobres. A municipalização dessas políticas contribuiu para a melhoria da distribuição da renda familiar, mas acarretou a impossibilidade de os municípios lidarem com novos desafios decorrentes do acelerado processo de urbanização.

Nesse novo contexto de municípios cada vez mais fortes (sob as óticas econômica, orçamentária e política), novo problema se apresenta ao equilíbrio federativo, visto que essa situação cria dificuldades à coordenação dos entes federados, pela multiplicação de interferências em territórios politicamente partilhados pelos governos municipais e estaduais, demandando novos arranjos institucionais para reduzir conflitos e oferecer condições satisfatórias à eficiente prestação de serviços públicos.

O processo de fortalecimento dos municípios não é simétrico. Ao contrário, dada a diversidade de situações que marca o extenso território brasileiro, bem como o efeito diferenciado das políticas que interferem no processo de ocupação do território nacional, a heterogeneidade é grande mesmo entre municípios de portes semelhantes e características econômicas e demográficas similares. Esse fato chama atenção para a importância de

CAPÍTULO 3
PANO DE FUNDO: O QUE ESTÁ POR DETRÁS DOS CONFLITOS | 71

atentar para essa questão em qualquer análise que vise apreciar a posição dos municípios no federalismo brasileiro.

Conforme destacado no primeiro capítulo deste livro, uma das grandes virtudes do federalismo é preservar a unidade em contexto de acentuadas diversidades. Disso decorre a importância que esse regime estaria adquirindo no mundo moderno, em que modernas tecnologias aplicadas ao processo econômico concomitantemente ao desenvolvimento de novas formas de comunicação aumentam a necessidade de combinar, ao mesmo tempo, a formação de unidades políticas grandes e pequenas. Afora sua contribuição para lidar com problemas que encerram dimensão supranacional, o federalismo permite que diferentes identidades regionais possam se expressar por meio de menores, responsáveis e autogovernáveis unidades políticas, capazes de lidar com diversidades históricas, linguísticas, sociais e culturais da nação.

Nos primórdios da formação da nação brasileira, a preservação da unidade assumiu papel preponderante e importante, mas, ao longo da história, a preocupação em acomodar a diversidade na unidade foi posta de lado, tanto em períodos de autoritarismo quanto na democracia. A unidade foi confundida com uniformidade e, à parte a curta experiência da Primeira República, nosso federalismo foi se acomodando a uma indesejável simetria. O predomínio da uniformidade contribuiu para a centralização do poder, por meio de processo de fortalecimento de políticas nacionais orientadas pela preocupação com uniformidade das regras, e não com o espírito da descentralização. E isso conduziu a uma situação inédita na história de nosso federalismo, na qual a nova etapa de redemocratização do país inovou ao centralizar o poder em plena democracia (REZENDE, 2013).

Nessa nova realidade, o desafio é examinar em que medida nova leitura das disparidades intrarregionais e intermunicipais, à luz da preocupação em explorar dimensões relevantes para o debate sobre opções para reduzir os conflitos federativos, pode contribuir ao encaminhamento de propostas de reforma no federalismo fiscal.

Para tanto, é preciso buscar respostas para algumas questões, entre elas:

a) Quais são os principais fatores que contribuem para desequilíbrios intermunicipais nas perspectivas intraestadual, regional e nacional? E qual é a contribuição de políticas públicas para esse resultado?

b) Quais são as principais manifestações dessas diversidades?

c) Como o processo de fortalecimento dos municípios repercute na política nacional? E quais são os fatores que contribuem para a crescente influência dos municípios nas políticas públicas?

d) Como a análise das disparidades em tela, dos fatores que as explicam e da dimensão política dessa questão, pode gerar ambiente mais favorável ao encaminhamento de debate sobre a reforma do federalismo fiscal?

3.5 Rede urbana e disparidades intrarregionais e intermunicipais

A releitura dos dados que reúnem informações sobre o processo de urbanização da sociedade brasileira chama atenção para aspectos de grande relevância ao debate sobre problemas do federalismo brasileiro, destacando-se os seguintes:

a) A formação de um processo de desconcentração concentrada da atividade industrial no Brasil acompanhado da perda de importância de participação relativa da indústria na formação do PIB nacional.

b) A concomitante ampliação das disparidades intrarregionais e intermunicipais, destacando-se o caráter nacional dessas últimas, isto é, o elemento regional não é fator determinante das diferenças entre municípios.

c) O fortalecimento econômico e financeiro dos municípios que se beneficiaram do processo de desconcentração da atividade industrial e da ampliação da participação dos serviços na economia, bem como do aumento de sua base tributária e da participação na receita gerada pelo ICMS.

d) A repercussão desse processo na política e a ausência de movimento claro de mudanças na forma como as principais instituições que representam os interesses dos municípios – A Frente Nacional dos Prefeitos e a Confederação Nacional dos Municípios – percebem implicações desse fato e reagem a seus efeitos.

e) A necessidade de expor os fatos apontados de forma clara e objetiva, exibindo ganhos e perdas relativas resultantes das dificuldades que vêm sendo encontradas para lidar com conflitos federativos e encontrar soluções.

Dessas constatações, decorre a necessidade de ampliar o diagnóstico dos conflitos federativos para descortinar novos ângulos que ajudem a formar entendimento sobre o que precisa ser feito, corrigir desequilíbrios, atenuar conflitos e fortalecer a coesão dos entes federados.

Os fatos destacados no capítulo anterior apontam para consequência pouco explorada do processo de consolidação da rede urbana nacional: a ampliação das disparidades intrarregionais e intermunicipais, que acompanhou o processo de concentração da atividade econômica nas microrregiões cujos núcleos são nós importantes dessa rede.

CAPÍTULO 3
PANO DE FUNDO: O QUE ESTÁ POR DETRÁS DOS CONFLITOS | 73

Para explorar essa questão, foram selecionadas 68 microrregiões, incluindo as doze metrópoles nacionais, a maioria das capitais regionais e alguns centros sub-regionais do Norte, Nordeste e Centro-Oeste que exercem papel relevante na rede urbana nacional, com base no estudo *Rede de Influência das Cidades*, publicado pelo IBGE em 2007.[17]

O propósito é comparar os dados sobre a importância econômica e demográfica dessas microrregiões com informações semelhantes para demais microrregiões de cada uma das cinco grandes regiões geográficas em que se divide o país, de modo a verificar como elas se diferenciam.

As 68 microrregiões selecionadas (ver relação no anexo deste capítulo) abrigam 846 municípios que correspondem a apenas 15% dos municípios brasileiros, mas que respondem por quase 60% do PIB nacional e nelas vivem quase a metade dos habitantes do país (TABELA 5).

TABELA 5
Participações econômica e demográfica das microrregiões
das cidades nucleares – por região e país – 2010

	PIB • Microrregiões Cidades nucleares (R$ mil)	Partic. no PIB regional (em %)	População Cidades nucleares	Partic. na população regional (em %)	Eleitorado (2012)	Partic. no eleitorado regional (em %)
Norte	127.733.686	63,38	8.476.569	53,43	5.672.039	53,51
Nordeste	331.773.784	65,37	24.080.049	45,37	16.527.054	43,27
Sudeste	1.145.446.329	54,85	38.311.126	47,68	28.620.348	48,29
Sul	337.523.350	54,25	12.646.778	46,18	9.253.655	44,50
Centro-Oeste	256.767.222	73,22	8.342.627	59,38	5.878.686	58,78
Brasil	2.199.244.371	58,33	91.857.149	48,16	65.951.782	47,49

Fontes: IBGE e TSE.

Índices maiores de concentração econômica são encontrados no Norte, Nordeste e Centro-Oeste, onde a participação das microrregiões selecionadas no PIB regional é superior a dois terços, enquanto no Sul e Sudeste esse índice é da ordem de 55%. Como era de se esperar, a

---

[17] Tabelas e gráficos reunidos neste capítulo foram extraídos de José Oswaldo Cândido Jr. (2014).

concentração populacional é menor do que a concentração econômica, o que se reflete em disparidades nos PIBs *per capita*, conforme veremos adiante.

Em 2010, o grupo das 15 cidades e suas microrregiões da região Norte, que reúnem 112 dos 449 municípios dessa região (cerca de 25% do total), foi responsável por gerar 63,4% do PIB regional. Deve-se ressaltar que esses municípios abrigaram 53,4% da população e 53,5% do eleitorado. Observa-se elevado grau de concentração intrarregional, dado que cerca de um quarto dos municípios responderam por mais de 60% da produção regional, ou ainda que 46,7% da população dos demais centros urbanos contribuíram com apenas 36,6% do PIB da região.

As 22 cidades-núcleo da região Nordeste estão concentradas no litoral, sendo apoiadas por alguns centros urbanos situados no interior. As microrregiões abrangidas por essas cidades reúnem 255 municípios, que representam pouco menos de 15% dos 1.794 municípios existentes na região. Esse conjunto responde por cerca de dois terços (65,4%) do PIB nordestino, e, no espaço ocupado por eles, residem 45,6% de toda a população regional, índice de concentração praticamente igual ao do número de eleitores da região (43,3%).

Como na região Norte, a disparidade intrarregional observada no Nordeste é significativa. Quase dois terços do PIB foram gerados por apenas 14% dos municípios. Se considerarmos apenas os 22 centros urbanos nucleares, essa proporção alcança 44,7%. Aproximadamente 54% da população residiam em municípios que geraram pouco mais de um terço do PIB regional (34,6%).

A concentração econômica e demográfica é bem maior no Centro-Oeste. Em 2010, as nove microrregiões das principais cidades-núcleo dessa região, que reúnem 100 dos seus 466 municípios (21% do total), responderam por 73,2% do PIB regional, 59,4% da população e 58,8% do eleitorado. Todos os municípios, que integram as demais microrregiões, geraram pouco mais de um quarto do PIB regional, revelando forte disparidade intrarregional.

Na região Sudeste, as 10 cidades-núcleo, que reúnem apenas 179 dos 1.668 municípios da região, foram responsáveis, em 2010, por 54,9% do PIB regional, sendo que a microrregião de São Paulo, sozinha, responde por cerca de um quarto desse PIB. O contingente populacional dessas microrregiões corresponde a 47,7% da população da região e a 48,3% do eleitorado. Comparando os dois subconjuntos, a participação global no PIB e na população é similar, mas é enorme a diferença na quantidade de municípios que pertencem às regiões-núcleo e às demais. São grandes, portanto, as disparidades intrarregionais e intermunicipais.

O padrão de concentração do Sul é similar ao do Sudeste. As 12 microrregiões das principais cidades-núcleo da região Sul, que reúnem 255 dos 1.794 municípios da região (14% do total), responderam por 54,3% do PIB regional, 46,2% da população e 44,5% do eleitorado. Assim, considerando os dois subconjuntos – microrregiões das cidades-núcleo e demais –, as disparidades intrarregional e intermunicipal são grandes, embora diferentes do padrão encontrado no Norte, Nordeste e Centro-Oeste. Cabe indagar se houve alterações significativas nos índices de concentração do PIB e da população nas microrregiões em tela. Para isso, importa observar informações apresentadas nas Tabelas 6 e 7, que mostram a evolução da participação do PIB e da população das microrregiões das cidades nucleares em relação aos respectivos totais regionais na primeira década desse século.

TABELA 6
Evolução da participação do PIB das microrregiões
das cidades-núcleo (em % dos PIB regionais)

	Norte	Nordeste	Sudeste	Sul	Centro-Oeste	Brasil
1999	68,49	66,45	59,13	54,06	79,31	61,37
2000	69,27	66,38	58,13	54,44	76,21	60,56
2001	68,26	65,51	58,49	53,50	75,56	60,44
2002	67,87	65,68	57,11	53,03	73,42	59,47
2003	67,18	65,01	56,32	51,51	71,29	58,45
2004	68,27	65,60	55,89	51,78	69,93	58,30
2005	67,88	66,10	56,02	53,92	71,70	58,97
2006	68,73	65,27	55,22	54,08	73,15	58,60
2007	68,50	65,48	56,06	53,87	72,31	58,99
2008	65,82	64,45	54,71	53,62	71,64	57,93
2009	67,23	65,36	55,78	53,87	72,46	58,94
2010	63,38	65,37	54,85	54,25	73,22	58,33

TABELA 7
Evolução da participação da população das microrregiões das cidades-núcleo (em % dos PIB regionais)

	Norte	Nordeste	Sudeste	Sul	Centro-Oeste	Brasil
1999	52,76	44,13	47,67	44,11	58,38	47,25
2000	52,87	44,34	47,57	44,39	58,54	47,34
2001	53,51	44,47	47,85	44,83	58,41	47,62
2002	53,66	44,63	47,82	45,06	58,54	47,71
2003	53,76	44,80	47,77	45,31	58,64	47,80
2004	53,88	45,15	47,66	45,81	58,86	47,97
2005	54,08	45,34	47,60	46,08	58,97	48,07
2006	54,18	45,52	47,54	46,34	59,08	48,16
2007	53,43	45,74	48,01	46,22	59,64	48,38
2008	53,24	45,55	47,52	45,99	59,59	48,08
2009	53,13	45,66	47,48	46,13	59,70	48,12
2010	53,43	45,37	47,68	46,18	59,38	48,16

De modo geral, o quadro é de relativa estabilidade nos índices de concentração da atividade econômica e da população, no decênio abrangido pelas tabelas apresentadas. Impactos diferenciados dos ciclos experimentados na economia nacional, nesse período, podem explicar algumas mudanças entre 1999 e 2004 e no período subsequente, mas isso não sugere transformações permanentes. A crise econômica da primeira metade da década de 2000 deve ter contribuído para ligeira tendência de queda na participação do PIB (especialmente no Centro-Oeste) até meados do período, que não se sustenta posteriormente, não chegando a afetar o nível de concentração populacional, conforme mostram Gráficos 14 e 15, adiante apresentados.

GRÁFICO 14
Evolução da participação do PIB das microrregiões

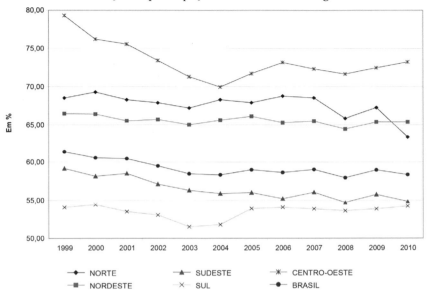

GRÁFICO 15
Participação da população das microrregiões das cidades-núcleo em relação aos PIB regionais (em %)

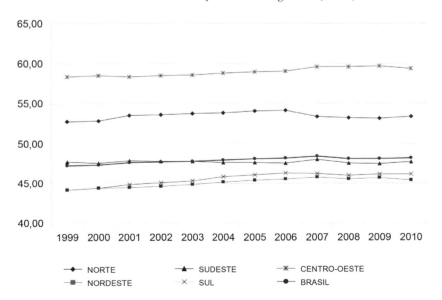

Outro aspecto que merece ser destacado é a magnitude das disparidades entre as microrregiões, reveladas pelas estatísticas que medem o grau de dispersão dos PIBs e das rendas familiares por habitante naquelas que compõem os principais nós da rede de cidades e nas demais, apresentadas nas tabelas a seguir.

A Tabela 8 apresenta os valores médio, máximo e mínimo dos PIBs *per capita* das microrregiões das cidades-núcleo e das demais microrregiões para o ano de 2010. As microrregiões nucleares apresentaram PIB *per capita* médio superior em 35% ao das demais microrregiões, quando se leva em consideração todo o conjunto. A diferença entre as médias é particularmente relevante no Nordeste, onde o PIB *per capita* das microrregiões das cidades-núcleo é maior do que o dobro do valor correspondente para demais regiões.

TABELA 8
Estatísticas descritivas do PIB *per capita* (em R$ mil anuais)
das microrregiões nucleares e demais – 2010

	Microrregiões das cidades-núcleo			Demais microrregiões		
	Média (A)	Mínimo	Máximo	Média (B)	Mínimo	Máximo
Norte	12,211	5,616	24,613	10,125	3,165	70,286
Nordeste	13,198	6,353	51,085	6,341	3,079	33,465
Sudeste	25,513	9,878	38,310	18,268	4,674	59,973
Sul	24,314	15,381	36,922	18,048	9,147	54,497
Centro-Oeste	23,988	16,731	58,489	18,221	7,091	58,701
Brasil	18,10908	5,616	58,489	13,387	3,079	70,286

Quando a medida da disparidade é a renda familiar *per capita*, as diferenças entre médias são maiores em todos os casos, com exceção do Nordeste, conforme mostram números reunidos na Tabela 9. A diferença na média nacional sobe para 48,1% e aumenta em três vezes no Norte, e 1,7 vezes no Centro-Oeste. Essas diferenças sugerem que o grau de integração regional das atividades que se localizam nas cidades que formam núcleos da rede urbana nacional é baixo. Esse fato parece ser especialmente relevante nas regiões Norte e Centro-Oeste, nas quais a distância entre as médias de PIBs e rendas *per capita* das microrregiões das cidades-núcleo e demais é bem maior.

No Nordeste, a enorme diferença entre as médias microrregionais para o PIB e a renda *per capita*, que são similares, sugere que a apropriação pelas demais microrregiões dos benefícios gerados pelas atividades econômicas localizadas nas microrregiões que são nós da rede urbana nacional é muito baixa. Em decorrência, a renda *per capita* média mensal dos 1.794 municípios das demais microrregiões é pouco menos da metade da média dos 255 municípios que pertencem às microrregiões que se integram à rede urbana nacional.

TABELA 9

Estatísticas descritivas da renda *per capita* mensal (em R$)
das microrregiões nucleares e demais – 2010

	Microrregiões das cidades-núcleo			Demais microrregiões			Diferenças de médias
	Média	Mínimo	Máximo	Média	Mínimo	Máximo	em %
Norte	557,94	250,17	895,52	345,31	165,79	688,37	61,58
Nordeste	560,25	311,66	888,76	289,95	171,41	1.122,70	93,22
Sudeste	995,13	499,68	1.347,72	670,36	259,03	1.137,60	48,45
Sul	1.049,21	851,90	1.344,50	708,77	346,90	1.021,88	48,03
Centro-Oeste	933,64	701,51	1.659,43	614,11	380,69	891,77	52,03
BRASIL	756,51	250,17	1.659,43	510,93	165,786	1.137,60	48,07

A análise das desigualdades intrarregionais não se resume a comparar o que ocorre entre microrregiões. Diferenças importantes se verificam no interior delas, isto é, entre municípios que as compõem, conforme mostram dados reunidos nas Tabelas 10 e 11, que exibem os coeficientes de variação (a relação entre desvio-padrão e média dos dados) para o PIB *per capita* e a renda *per capita*, em cada caso.

Os dados para o ano de 2010 mostram que, de modo geral, as microrregiões das cidades-núcleo, além de serem mais ricas, apresentam grau de desigualdade interna, medido pelo coeficiente de variação do PIB *per capita*, inferior ao das demais microrregiões. A exceção é o Nordeste, que apresenta resultado oposto. Nesse caso, as diferenças podem ser atribuídas às microrregiões das cidades-núcleo do interior, pois, se considerarmos somente as microrregiões das capitais nordestinas, os coeficientes de variação do PIB *per capita* e da renda *per capita* caem para 0,20 e 0,11, respectivamente.[18]

---

[18] Isso mostra que o grau de disparidade entre capitais nordestinas e demais microrregiões do Nordeste é ainda mais elevado.

Outro dado interessante: as disparidades internas referentes às microrregiões são menores quando a medida utilizada é o coeficiente de variação da renda *per capita*. Nesse caso, as diferenças entre microrregiões nucleares e demais se tornam pouco significativas, com exceção do Centro-Oeste, onde a presença de Brasília deve fazer diferença. Caso se exclua a capital federal, o coeficiente de variação da renda *per capita* nas microrregiões das cidades nucleares cai para 0,11 no Centro-Oeste.

De modo geral, as microrregiões das regiões Sul e Sudeste são menos desiguais, sobretudo com relação às regiões Norte e Nordeste. Isso ocorre para o conjunto das microrregiões e grupos de microrregiões das cidades-núcleo e demais cidades.

A questão seguinte é se a relativa estabilidade do padrão de concentração da atividade econômica e da população, nas microrregiões nucleadas pelos nós da rede urbana, indicada nos Gráficos 16 e 17 já apresentados, foi acompanhada de padrão semelhante com respeito ao comportamento das disparidades intermunicipais.

A resposta, como pode ser visto nos dados que mostram os valores dos coeficientes de variação do PIB *per capita* de todas as microrregiões do Brasil, nas dimensões nacional e regional, é negativa (TABELA 10 e GRÁFICO 16). Os resultados apontam para fortes oscilações ao longo do período, com tendência de aumento da disparidade entre as microrregiões do Norte, do Nordeste e do Sudeste. Já na região Sul, a tendência é de relativa estabilidade, ao passo que, na região Centro-Oeste, observou-se importante redução das disparidades entre suas microrregiões.

TABELA 10
Evolução da desigualdade em termos de PIB *per capita*
das microrregiões (valores dos coeficientes de variação)

	Norte	Nordeste	Sudeste	Sul	Centro-Oeste	Brasil
1999	0,5005	0,6258	0,4746	0,3722	0,7590	0,6856
2000	0,5664	0,6523	0,5200	0,4308	0,6916	0,7126
2001	0,5178	0,6571	0,5197	0,4008	0,6219	0,6881
2002	0,4845	0,6810	0,5375	0,3805	0,6397	0,6975
2003	0,4936	0,7085	0,5348	0,3545	0,7347	0,7280
2004	0,5259	0,7335	0,5307	0,4109	0,7934	0,7658
2005	0,5259	0,7427	0,6048	0,4384	0,7702	0,7739
2006	0,5193	0,7087	0,6666	0,3849	0,6701	0,7592
2007	0,4841	0,7514	0,5541	0,3933	0,6649	0,7157
2008	0,5766	0,7829	0,6245	0,3858	0,6915	0,7521
2009	0,5137	0,7250	0,5365	0,3593	0,6285	0,6919
2010	0,8273	0,7117	0,5540	0,3667	0,5718	0,7055

GRÁFICO 16
Desigualdade das microrregiões em termos de PIB *per capita* por região

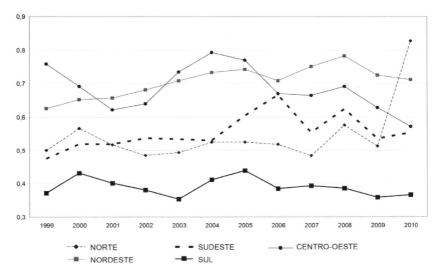

É interessante observar que o que explica o comportamento das disparidades entre os dois subconjuntos de microrregiões é o aumento das disparidades entre microrregiões que não fazem parte da rede urbana. As microrregiões integradas a essa rede exibem tendência de convergência dos respectivos PIBs *per capita*, à diferença do que se verifica nas demais.

A Tabela 11 e o Gráfico 17 mostram que as desigualdades nas demais microrregiões crescem, enquanto se observa tendência oposta para microrregiões das cidades-núcleo. O crescimento das desigualdades nas demais microrregiões foi contínuo e crescente, entre 1999 e 2005; logo depois, apresentou arrefecimento, mas voltou a crescer, em 2010.

TABELA 11
Evolução das desigualdades das microrregiões por cidades-núcleo e demais (valores dos coeficientes de variação)

(continua)

	CV Cidades-núcleo	CV Demais microrreg.	CV Brasil
1999	0,6430	0,6724	0,6856
2000	0,6115	0,7172	0,7126
2001	0,5988	0,6902	0,6881
2002	0,5695	0,7105	0,6975
2003	0,5710	0,7494	0,7280

(conclusão)

	CV Cidades-núcleo	CV Demais microrreg.	CV Brasil
2004	0,5725	0,7943	0,7658
2005	0,5783	0,8023	0,7739
2006	0,5647	0,7874	0,7592
2007	0,5508	0,7365	0,7157
2008	0,5608	0,7798	0,7521
2009	0,5544	0,7064	0,6919
2010	0,5691	0,7217	0,7055

Portanto, o processo de consolidação e articulação da rede urbana nuclear tem sustentado elevado grau de polarização e, ao mesmo tempo, produzido redução nas disparidades entre microrregiões das cidades-núcleo, em termos de PIB *per capita*; enquanto que, nas demais microrregiões, isso não se verifica (GRÁFICO 17).

GRÁFICO 17
Desigualdades das microrregiões das cidades-núcleo e demais microrregiões

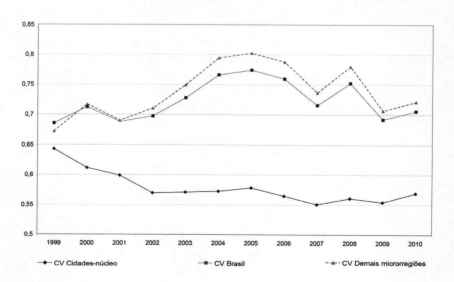

No entanto, importantes diferenças no padrão apontado são observadas quando analisamos o que ocorreu em escala regional. A região Norte replica o movimento ocorrido nacionalmente com respeito à queda na desigualdade entre microrregiões das cidades-núcleo, mas se verifica forte crescimento da disparidade nas demais microrregiões no período recente (GRÁFICO 18).

GRÁFICO 18
Desigualdades das microrregiões PIB *per capita* – região Norte

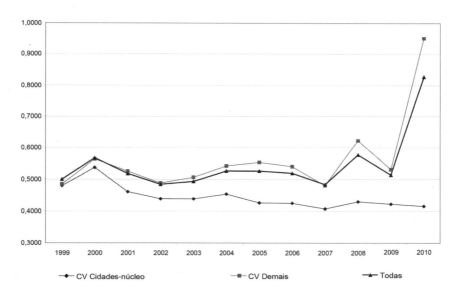

Na região Nordeste, observa-se, no período em exame, tendência de aumento das disparidades em todas as microrregiões e seus subconjuntos (GRÁFICO 19). Esse comportamento ocorre mantendo-se a distância entre o valor médio do PIB *per capita* das microrregiões de cidades-núcleo e das demais, que, na média do período, foi de 109,1%, ou seja, mais do que o dobro em favor das cidades-núcleo. Assim, ocorre aumento na disparidade intrarregional tanto entre microrregiões das cidades mais ricas como entre microrregiões de menor desenvolvimento.

GRÁFICO 19
Desigualdades das microrregiões PIB *per capita* – região Nordeste

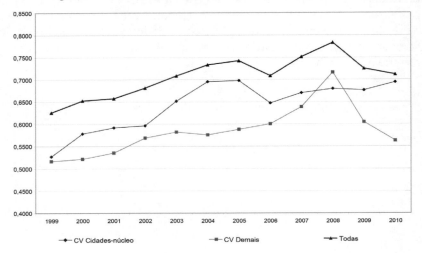

Na região Centro-Oeste, observa-se padrão exatamente oposto ao do Nordeste, com redução das disparidades entre todas as microrregiões. A redução na desigualdade é significativa e contínua nas microrregiões das cidades-núcleo. Em 1999, o valor do coeficiente de variação nesse subconjunto alcançou 0,85 – caindo para 0,55, em 2010. Já nas demais microrregiões, o movimento de queda não foi linear. Por exemplo, entre 2002 e 2004, houve forte aumento nas disparidades. Porém, a partir de 2005, a tendência de queda prevalece, conforme Gráfico 20.

GRÁFICO 20
Desigualdades das microrregiões – região Centro-Oeste

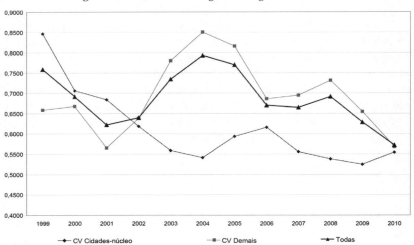

Na região Sudeste, observa-se estabilidade (em patamares baixos) na desigualdade entre microrregiões das cidades-núcleo. Há tendência de aumento nas disparidades entre demais microrregiões, e esse movimento está condicionando o comportamento observado para as todas as microrregiões (GRÁFICO 21).

GRÁFICO 21
Desigualdades das microrregiões PIB *per capita* – região Sudeste

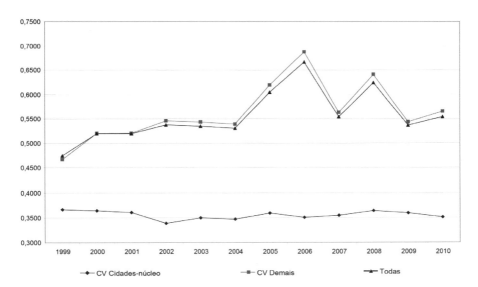

Na região Sul, a evolução das disparidades entre os PIBs *per capita* das microrregiões é marcado por discreto crescimento das desigualdades no conjunto das cidades-núcleo combinado com moderada queda nas disparidades das demais microrregiões. Esse movimento contribuiu para reduzir a diferença no patamar de desigualdades entre os conjuntos das microrregiões das cidades-núcleo e demais microrregiões (GRÁFICO 22). Em 1999, essa diferença era de 66,9% entre os coeficientes de variação. Em 2010, esse valor caiu para 35,1%. Cabe observar que é nessa região em que se observam os menores patamares de desigualdades (medidos pelos valores dos coeficientes de variação).

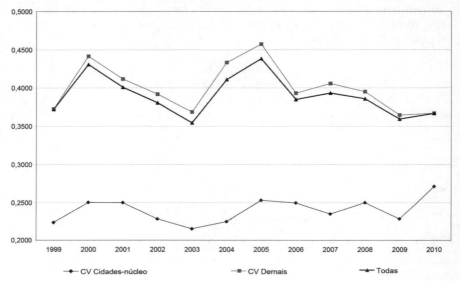

Em suma, o quadro geral aponta para queda nas disparidades intermunicipais nas microrregiões nucleares e aumento nas demais, embora esse padrão não se reproduza da mesma maneira na escala regional.

3.6 A ação dos fundos regionais

Cabe indagar se as diferenças apontadas com respeito a comportamento diferenciado das desigualdades intermunicipais entre regiões guarda relação com a aplicação de recursos dos fundos regionais de desenvolvimento, cujos recursos cresceram substancialmente em decorrência da melhoria da arrecadação dos impostos federais na segunda metade da primeira década deste século.

Das três regiões beneficiadas por esses fundos, a única em que o aumento de recursos propiciou maior desconcentração das aplicações, em benefício das microrregiões não nucleares, foi a região Norte. E esse fato explica o forte aumento da disparidade entre essas microrregiões nos anos recentes (GRÁFICO 18).

Vê-se, nos dados a seguir, que o percentual dos recursos aplicados nas microrregiões integradas à rede urbana nacional, no Norte, manteve-se em torno de 30% do total, entre 2000 e 2010, mas isso foi acompanhado de forte aumento da disparidade na repartição dos valores destinados às demais regiões. Nestas, o desvio padrão dos valores aplicados em 2010 cresceu cerca de cinco vezes, quando comparado com a mesma estatística para o ano de 2000. O desvio padrão dos valores contratados, assim como a diferença entre máximo e mínimo, também cresceu nas microrregiões que integram a rede urbana nacional, indicando que a gestão do FNO contribuiu para maior dispersão das disparidades intermunicipais nessa região (TABELA 12).

TABELA 12
Aplicações do FNO

FNO • perfil das aplicações por tipo de microrregiões • 2000 • (valores monetários em R$ de 2010)			
	Total das microrregiões	Microrregiões nucleares	Microrregiões não nucleares
Valor contratado	1.560.682.885	505.965.194	1.054.717.692
% do valor contratado	100	32,42	67,58
Média	835.931	864.898	824.642
Desvio padrão	3.072.369	4.414.350	2.208.131
Coef. de variação	3,6754	5,1039	2,6777
Valor mínimo	1.047	3.576	1.047
Valor máximo	101.518.197	101.518.197	51.013.076
Operações contratadas	29.069	8.630	20.439
% das operações contrat.	100	29,69	70,31

FNO • perfil das aplicações por tipo de microrregiões • 2000 • (valores monetários em R$ de 2010)			
	Total das microrregiões	Microrregiões nucleares	Microrregiões não nucleares
Valor contratado	2.508.928.197	727.851.161	1.781.077.036
% do valor contratado	100	29,01	70,99
Média	963.490	859.266	994.460
Desvio padrão	8.683.591	5.395.928	9.820.480
Coef. de variação	9,0126	6,0272	9,8752
Valor mínimo	1.500	1.500	1.500
Valor máximo	371.766.678	142.721.618	371.766.678
Operações contratadas	42.443	11.003	31.440
% das operações contrat.	100	25,92	74,08

No Nordeste, a participação das microrregiões nucleares no valor total das aplicações do FNE subiu de 35%, em 2000, para 45%, em 2010, indicando que a contribuição desse fundo para o reforço dessas microrregiões foi expressivo (TABELA 13). Cresceu também a disparidade dos valores nelas aplicados, com o desvio padrão, em 2010, alcançando o dobro do valor registrado em 2000. No entanto, como os recursos do fundo cresceram muito nesse período, em valores absolutos, o montante repartido entre demais microrregiões permitiu não somente que o volume nelas aplicadas crescesse expressivamente, como também aumentasse a disparidade medida pelo desvio padrão – que, nesse caso, cresceu mais de 10 vezes. Em suma, a gestão do FNE contribuiu ao crescimento das disparidades em todas as microrregiões do Nordeste, conforme indicado no Gráfico 19.

TABELA 13
Aplicações do FNE

FNO • perfil das aplicações por tipo de microrregiões • 2000 •
(valores monetários em R$ de 2010)

	Total das microrregiões	Microrregiões nucleares	Microrregiões não nucleares
Valor contratado	1.304.510.300	458.037.245	846.473.055
% do valor contratado	100	35,11	64,89
Média	278.147	699.294	209.835
Desvio padrão	2.405.895	6.287.770	533.953
Coef. de variação	8,6497	8,9916	2,5446
Valor mínimo	13	515	137
Valor máximo	156.599.072	156.599.072	13.069.909
Operações contratadas	46.804	5.762	41.042
% das operações contrat.	100	12,31	87,69

FNO • perfil das aplicações por tipo de microrregiões • 2000 •
(valores monetários em R$ de 2010)

	Total das microrregiões	Microrregiões nucleares	Microrregiões não nucleares
Valor contratado	10.755.162.657	4.906.126.734	5.849.035.923
% do valor contratado	100	45,62	54,38
Média	575.081	1.491.224	379.512
Desvio padrão	7.624.243	12.244.252	6.190.730
Coef. de variação	13,2577	8,2109	16,3124
Valor mínimo	383	977	383
Valor máximo	492.206.144	382.252.576	492.206.144
Operações contratadas	399.240	58.239	341.001
% das operações contrat.	100	14,59	85,41

CAPÍTULO 3
PANO DE FUNDO: O QUE ESTÁ POR DETRÁS DOS CONFLITOS | 89

O caso do Centro-Oeste se diferencia dos demais (GRÁFICO 23), em razão de perfil distinto das aplicações do FCO. Nesse caso, o crescimento dos recursos dos fundos constitucionais, que ocorreu com maior intensidade na segunda metade da década passada, contribuiu para a queda na desigualdade, tanto entre as microrregiões-núcleo quanto nas demais. O forte aumento das aplicações no primeiro grupo (a participação no total aumentou de 44%, em 2000, para 68%, em 2010) conjugado com a queda no desvio padrão dos valores aplicados contribuiu para reduzir a desigualdade entre microrregiões que formam núcleos da rede urbana. No outro grupo, o aumento dos recursos propiciou forte expansão do número de contratações, com redução da média dos valores aplicados, denotando política de maior dispersão das aplicações com reflexo na queda da desigualdade entre microrregiões (TABELA 14).

TABELA 14
Aplicações do FCO

(continua)

FNO • perfil das aplicações por tipo de microrregiões • 2000 • (valores monetários em R$ de 2010)			
	Total das microrregiões	Microrregiões nucleares	Microrregiões não nucleares
Valor contratado	228.487.884	99.511.188	128.976.695
% do valor contratado	100	43,55	56,45
Média	293.686	287.605	298.557
Desvio padrão	1.036.038	1.278.710	791.310
Coef. de variação	3,5277	4,4461	2,6504
Valor mínimo	2.717	2.717	3.109
Valor máximo	21.969.120	21.969.120	10.092.157
Operações contratadas	1.878	1.041	837
% das operações contrat.	100	55,43	44,57

FNO • perfil das aplicações por tipo de microrregiões • 2000 • (valores monetários em R$ de 2010)			
	Total das microrregiões	Microrregiões nucleares	Microrregiões não nucleares
Valor contratado	1.698.514.382	1.160.905.983	537.608.399
% do valor contratado	100	68,35	31,65
Média	135.903	137.842	131.896
Desvio padrão	1.101.920	996.922	1.292.250
Coef. de variação	8,1081	7,2323	9,7975

(conclusão)

FNO • perfil das aplicações por tipo de microrregiões • 2000 • (valores monetários em R$ de 2010)			
	Total das microrregiões	Microrregiões nucleares	Microrregiões não nucleares
Valor mínimo	1.129	1.129	1.945
Valor máximo	79.212.263	52.768.122	79.212.263
Operações contratadas	30.165	20.190	9.975
% das operações contrat.	100	66,93	33,07

O perfil setorial das aplicações desses fundos também contribuiu para fortalecer as microrregiões que são conexões importantes da rede urbana nacional. No conjunto, observa-se a predominância de agricultura e agropecuária nas aplicações do FNO, mas o crescimento dos recursos destinados à indústria, majoritariamente canalizados para as microrregiões nucleares, explica a queda na participação do setor primário nas aplicações realizadas em 2010 (GRÁFICOS 23 e 24).

GRÁFICO 23
FNO: aplicações por tipo de microrregião e setores – em % do total – 2000

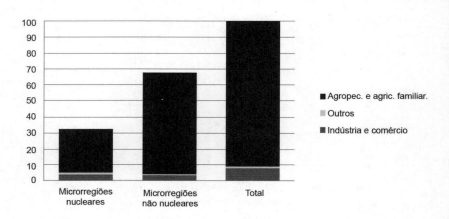

GRÁFICO 24
FNO: aplicações por tipo de microrregião e setores – em % do total – 2010

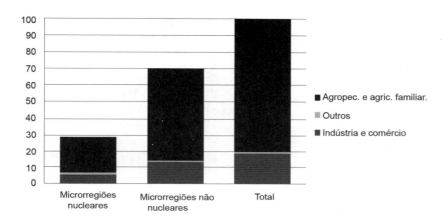

A transformação mais notável ocorreu no Centro-Oeste, onde a participação dos recursos do FCO destinados à indústria e ao comércio cresceu de pouco menos de 8% para 55%, entre 2000 e 2010, superando o volume destinado à agricultura e à agropecuária, com as microrregiões nucleares absorvendo a maioria absoluta dos financiamentos desse fundo (GRÁFICOS 25 e 26).

GRÁFICO 25
FCO: aplicações por tipo de microrregião e setores – em % do total – 2000

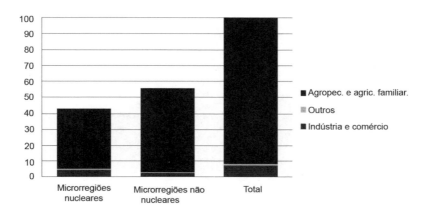

GRÁFICO 26
FCO: aplicações por tipo de microrregião e setores – em % do total – 2010

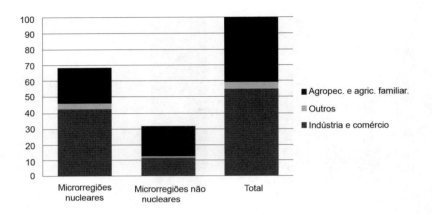

No Nordeste, que sozinho respondeu por cerca de 70% do total das aplicações dos fundos constitucionais, em 2010, a participação dos financiamentos a empreendimentos industriais e comerciais cresceu para 38% (dez pontos percentuais acima do índice de 2000), mas, dado o volume de recursos do FNE, as operações contratadas com esses setores cresceram 11 vezes em valores reais (preços de 2010), sendo que mais da metade das contratações foram de projetos localizados nas microrregiões nucleares (GRÁFICOS 27 e 28).

GRÁFICO 27
FNE: aplicações por tipo de microrregião e setores – em % do total – 2000

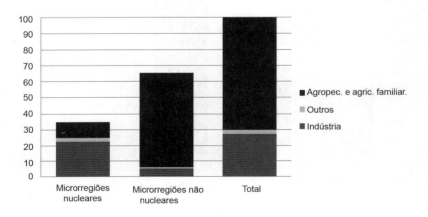

GRÁFICO 28
FNE: aplicações por tipo de microrregião e setores – em % do total – 2010

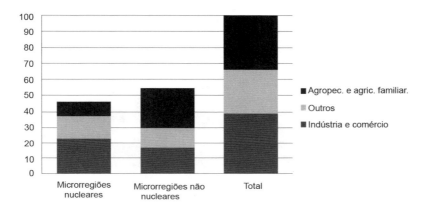

O aumento da importância de projetos industriais e comerciais na aplicação dos fundos constitucionais e a localização preferencial desses financiamentos nas microrregiões que integram os núcleos da rede urbana nacional merecem ser observados à luz das suas implicações para o equilíbrio federativo e o agravamento dos conflitos entre os estados federados.

De um lado, esse fato contribui para concentrar poder econômico e capacidade de gerar empregos de melhor qualidade, que atraem população e aumentam o quociente eleitoral dessas microrregiões. De outro, reforça a conexão entre as respectivas lideranças locais e o governo central, o que se traduz na capacidade de atrair recursos financeiros e maiores vantagens na distribuição de recursos do orçamento federal. Somadas, essas vantagens repercutem na política sob as formas do aumento de concentração espacial dos votos e da capacidade de os partidos que vencem as eleições para o Executivo municipal ampliarem seu potencial de vitória nas eleições proporcionais subsequentes, ampliando suas bancadas no Congresso e seu cacife político.

Para reforçar o ponto destacado no parágrafo anterior, o estudo reuniu dados sobre a repartição dos investimentos federais nos anos de 2001 e 2010. Em ambos os casos, as microrregiões nucleares absorveram a maioria absoluta dos investimentos, e esse padrão se reproduz nas cinco regiões geográficas nacionais, com destaque para o Nordeste e o Centro-Oeste, cujos investimentos em microrregiões foram dez e cem vezes maiores, respectivamente, do que os realizados nas microrregiões não nucleares (GRÁFICO 29).

GRÁFICO 29
Investimentos federais por microrregião

Distribuição dos investimentos públicos federais por
tipo de microrregião – Brasil e grandes regiões – em % do total – 2010

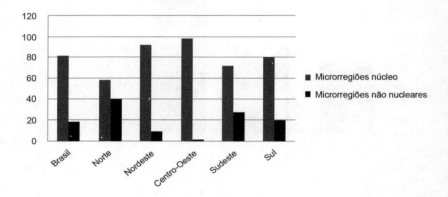

Conforme critérios adotados para a repartição da parcela municipal na receita do ICMS, é lógico esperar que a concentração de atividades econômicas nas microrregiões nucleares traduz-se em concentração do valor adicionado nesses mesmos espaços, o que deve contribuir para maior apropriação da cota municipal por municípios que participam dessas microrregiões. Não obstante a dificuldade para testar essa hipótese,[19] em estudo recente sobre o tema para três estados do Nordeste e três do Sul/Sudeste,[20] Araújo (2013) mostra que a microrregião da capital detém mais de 40% do valor da cota/parte distribuída, mesmo em estados mais desenvolvidos, como o Rio de Janeiro. Esse percentual é inferior apenas em São Paulo e Santa Catarina, este último reconhecido como o mais equilibrado do ponto de vista da ocupação geográfica de seu território. Na outra ponta, número elevado de municípios economicamente pouco importantes fica com índices de participação que oscilam entre 8% e 12%, e, mesmo em Santa Catarina, municípios com economia fraca ficam com percentual pouco acima desse patamar (13%).

---

[19] A relação entre fatos apontados e repartição da cota municipal do ICMS é afetada por uma série de fatores que incidem no cálculo do valor adicionado nos municípios, não sendo, portanto, de fácil verificação. Ademais, nem todos os municípios da microrregião se beneficiam da mesma forma, devido às diferenças na localização dos investimentos.

[20] Ceará, Pernambuco, Bahia, Rio de Janeiro, Minas Gerais e Santa Catarina.

3.7 Comentários finais

Em resumo, as evidências são suficientes para mostrar que o processo de formação de uma rede urbana, que articula as principais cidades de todo o país, e a intensidade das relações econômicas, financeiras, administrativas e culturais entre elas contribuíram para gerar um quadro de disparidades entre segmentos do território ocupado pelas microrregiões nucleadas por essas cidades e parcela do território ocupada pelas demais microrregiões, em todas as cinco grandes regiões do país.

São grandes, ademais, as disparidades entre municípios que participam desses dois subconjuntos de microrregiões, como indicam as estatísticas que medem os coeficientes de variação para PIB e renda *per capita* em cada uma delas. Os 846 municípios que integram as microrregiões das cidades que são núcleos importantes da rede urbana correspondem a cerca de 17% do total de municípios brasileiros, e a ordem de magnitude dessa concentração é similar em todas as regiões.

Acresce o fato de que a participação na rede urbana amplia as chances de acesso a recursos financeiros e orçamentários que reforçam a concentração econômica e demográfica sub-regional, repercutindo na capacidade de atuação política, conforme mencionado anteriormente e desenvolvido no próximo capítulo.

Tudo isso aponta para a necessidade de descortinar o cenário mais amplo em que se movem os conflitos federativos e a disputa entre estados por atração de investimentos, ainda que à custa da inviabilidade de formação de agenda comum que evite a progressiva fragilização da posição dos estados no federalismo brasileiro. Esse cenário permite ver que as causas dos conflitos são mais profundas; e a busca de soluções pautadas apenas pelo que se vê na frente do palco não é capaz de levar a uma solução satisfatória, tampouco definitiva.

Observação detalhada de todas as nuances do cenário federativo, propiciada pelos elementos reunidos neste capítulo, é importante para: abrir novas perspectivas analíticas, encaminhar debates sobre mudanças que se fazem necessárias no federalismo fiscal brasileiro, e buscar novos caminhos para a proposição de reformas nas regras que determinam a repartição constitucional das rendas públicas na federação.

ANEXO

TABELA A.1
Relação das cidades-núcleo – região Norte

Cidades
Manaus (AM)
Parintins (AM)
Tefé (AM)
Belém (PA)
Marabá (PA)
Santarém (PA)
Castanhal (PA)
Redenção (PA)
Palmas (TO)
Araguaína (TO)
Porto Velho (RO)
Ji-Paraná (RO)
Macapá (AP)
Boa Vista (RR)
Rio Branco (AC)

TABELA A.2
Relação das cidades-núcleo – região Centro-Oeste

Cidades
Campo Grande (MS)
Dourados (MS)
Cuiabá (MT)
Rondonópolis (MT)
Sinop (MT)
Goiânia (GO)
Anápolis (GO)
Rio Verde (GO)
Brasília (DF)

TABELA A.3
Relação das cidades-núcleo – região Nordeste

Cidades
São Luís (MA)
Imperatriz (MA)
Teresina (PI)
Fortaleza (CE)
Juazeiro do Norte (CE)
Sobral (CE)
Natal (RN)
Mossoró (RN)
João Pessoa (PB)
Campina Grande (PB)
Recife/Suape (PE)
Caruaru (PE)
Petrolina (PE)
Maceió (AL)
Arapiraca (AL)
Aracaju (SE)
Salvador (BA)
Feira de Santana (BA)
Ihéus-Itabuna (BA)
Vitória da Conquista (BA)
Juazeiro (BA)
Barreiras (BA)

TABELA A.4
Relação das cidades-núcleo – região Sudeste

Cidades
Belo Horizonte (MG)
Montes Claros (MG)
Uberlândia (MG)
Juiz de Fora (MG)
Vitória (ES)
Rio de Janeiro (RJ)
São Paulo (SP)
Campinas (SP)
Ribeirão Preto (SP)
São José do Rio Preto (SP)

ANEXO | 99

TABELA A.5
Relação das cidades-núcleo – região Sul

Cidades
Curitiba (PR)
Cascavel (PR)
Londrina (PR)
Maringá (PR)
Florianópolis (SC)
Blumenau (SC)
Joinville (SC)
Chapecó (SC)
Porto Alegre (RS)
Caxias do Sul (RS)
Santa Maria (RS)
Passo Fundo (RS)

CAPÍTULO 4

FUTURO: A POLÍTICA DO FEDERALISMO: CONCENTRAÇÃO ELEITORAL E MUNICIPALIZAÇÃO DA POLÍTICA ESTADUAL

4.1 Introdução

A concentração do poder econômico e demográfico nos espaços ocupados pelas microrregiões das cidades que formam os principais nós da rede urbana nacional reflete-se na política de três maneiras complementares: na concentração espacial dos votos dos candidatos à Câmara Federal; na influência dos partidos que vencem as eleições para o Executivo municipal nas eleições posteriores para a Câmara Federal; e na atuação dos representantes dos estados no Congresso Nacional.

Este capítulo reúne os resultados de estudo sobre a dimensão política das relações federativas, que se divide em três componentes. O primeiro desenvolve um novo método para aferir a concentração espacial dos votos nas eleições para a Câmara Federal e as diferenças a esse respeito entre os estados brasileiros. O segundo examina se a concentração espacial dos votos constitui estratégia que reforça o poder dos partidos vencedores nas eleições para o Executivo municipal e influencia seu desempenho nas eleições proporcionais subsequentes. O terceiro analisa dados sobre aprovação, liberação e pagamento de emendas parlamentares ao orçamento federal, buscando aferir como elas se repartem no território e quais fatores explicam essa repartição. Os resultados desse estudo são apresentados em seguida.

4.2 Concentração espacial dos votos

A hipótese que orienta o exame dessa questão é a de que as características do sistema eleitoral brasileiro estimulariam a formação de estratégias eleitorais nas quais, em eleições proporcionais, os candidatos buscariam concentrar seus votos em espaço geográfico limitado para ampliar chances de vitória.

Os procedimentos utilizados no exame dessa hipótese estipulam que a concentração espacial dos votos ocorreria quando os votos recebidos por um candidato, em determinado espaço (município ou microrregião), forem maiores do que a votação nele esperada, medida pelo número de eleitores registrados no mesmo espaço geográfico. Assim, a concentração não existe se a distribuição espacial dos seus votos for similar à distribuição espacial do eleitorado da região.[21]

Para medir a concentração, este estudo adota o chamado índice G. Esse índice mostra se o percentual de votos obtidos pelo candidato no município (microrregião) de determinado estado é maior ou menor do que a razão entre o total de votos nesse local e o total de votos no estado. Portanto, se a proporção de votos obtidos na localidade for igual ou menor do que a proporção de eleitores ali registrados no total do eleitorado estadual, não ocorreria concentração.

Quanto maior for o valor de G, maior é o grau de concentração dos votos. Para determinado candidato, ela será maior quanto maior for o empenho dele em explorar seu potencial de obter votos em dada localidade. Espera-se que o grau de concentração seja maior se a unidade territorial adotada para medi-la for a microrregião, em comparação com o município, se o número de vagas em disputa no estado for grande e se a volatilidade eleitoral (frequência de mudanças de opões partidárias dos eleitores) for elevada.

Os resultados obtidos, exibidos na Tabela 15, mostram que a média do índice G dos candidatos a deputado federal é alta, quando se adota a média simples e quando se utiliza a média ponderada pelo percentual de votos do universo relevante, isto é, dos votos válidos.

---

[21] Para detalhes, consulte-se Avelino e Biderman (2014).

CAPÍTULO 4 | 103
FUTURO: A POLÍTICA DO FEDERALISMO: CONCENTRAÇÃO ELEITORAL E MUNICIPALIZAÇÃO DA POLÍTICA...

TABELA 15
Índice de concentração espacial dos votos: 2002-2010

	Média simples								
	Município			Zona eleitoral			Microrregião		
	2002	2006	2010	2002	2006	2010	2002	2006	2010
G médio (%) dos partidos	5.6	5.6	5.5	3.6	3.3	3.1	6.6	6.3	6.5
G médio (%) dos candidatos a Deputado Federal	19.5	20.2	20.5	14.0	13.7	13.7	23.4	23.5	23.6
G médio (%) dos deputados eleitos	8.5	7.6	7.5	4.6	3.8	3.6	13.1	11.5	11.1
G médio (%) dos deputados eleitos pela média	9.3	9.9	9.3	6.3	6.0	5.3	15.2	15.5	14.5
G médio (%) dos suplentes	20.9	20.8	22.1	15.1	14.5	15.2	25.2	24.5	25.5
G médio (%) dos deputados não eleitos*	21.2	22.9	22.8	14.5	15.1	13.6	23.5	25.9	25.1

* Para RJ em 2006, e AC e TO em 2010, não há candidatos não eleitos na base CEPESPDATA.

	Média ponderada pela % dos votos*								
	Município			Zona eleitoral			Microrregião		
	2002	2006	2010	2002	2006	2010	2002	2006	2010
G médio (%) dos partidos	2.5	2.5	2.6	1.4	1.4	1.3	3.3	3.2	3.1
G médio (%) dos candidatos a Deputado Federal	12.1	11.7	10.8	7.9	7.3	6.3	17.1	16.0	14.4
G médio (%) dos deputados eleitos	8.0	7.1	6.8	4.2	3.6	3.3	12.3	10.6	10.1
G médio (%) dos deputados eleitos pela média	8.8	9.3	8.8	6.4	5.9	5.2	15.2	14.9	13.7
G médio (%) dos suplentes	18.0	18.0	17.3	12.8	12.1	11.1	24.1	23.6	21.4
G médio (%) dos deputados não eleitos**	22.8	22.8	23.2	12.9	16.2	13.3	22.1	27.1	25.7

* % calculada para o universo relevante.
** Para RJ em 2006, e AC e TO em 2010, não há candidatos não eleitos na base CEPESPDATA.

Fonte: Avelino e Biderman (2014).

Os índices de concentração espacial de alguns setores da indústria, a seguir indicados, fornecem o *benchmarking* adotado para qualificar o grau de concentração dos votos.
- Extração de petróleo, carvão mineral e gás natural e serviços relacionados: 22,6.
- Indústrias de produtos da destilação de petróleo e do carvão: 14,0.
- Fabricação de produtos de fumo: 11,2.

- Extração de minerais metálicos: 7,5.
- Indústria de calçados e de fabricação de artefatos de couro: 4,5.
- Indústrias de produtos farmacêuticos e veterinários: 3,8.
- Indústrias de material elétrico, eletrônico e de comunicações: 2,2.

Vê-se, portanto, que o índice médio de concentração dos votos dos candidatos a deputado federal (G médio) exibido se aproxima dos índices exibidos pelas indústrias altamente concentradas, superando a mais concentrada delas quando a unidade territorial é a microrregião. Os valores são pouco menores quando se utiliza a média ponderada, mas, ainda assim, os índices são expressivos.

Dois resultados interessantes exibidos nessa tabela merecem ser destacados. Primeiro, o grau de concentração dos candidatos é bem maior do que o dos partidos, sugerindo que a fragmentação partidária favorece a concentração. Segundo, o índice de concentração dos deputados eleitos é bem menor do que o de todos os candidatos, o que é coerente com os números que mostram índices de concentração bem maiores para suplentes e deputados não eleitos. Essas diferenças poderiam indicar, por exemplo, que os candidatos que têm pouca chance de serem bem-sucedidos e dispõem de menores recursos para financiar campanha precisam concentrar sua busca por votos e talvez aumentar suas chances de conseguir uma vaga de suplente.

O fato de o índice de concentração dos candidatos eleitos ser menor do que o dos não eleitos pode sugerir interpretação equivocada, qual seja a de que a concentração espacial dos votos não é relevante para o sucesso na eleição. Se o candidato não eleito tem poucos votos, mas eles são concentrados em determinado local, ele apresentará índice elevado de concentração – entretanto, não obterá os votos suficientes para se eleger. De outra parte, candidatos com muitos votos poderão se eleger apenas com os votos recebidos em uma microrregião, embora exibam grau de concentração espacial mais baixo.

Um índice maior de concentração, quando a unidade de análise é a microrregião, parece ajustar-se ao processo de formação da rede urbana analisada nos capítulos anteriores, onde se verifica que 68 microrregiões concentram mais da metade da população e do eleitorado nacional.

Diferenças regionais captadas nos resultados dessa análise indicam que os índices de concentração espacial dos votos são bem maiores nos estados das regiões Sul e Sudeste que reúnem número maior e mais relevante de núcleos da rede urbana e onde o número de vagas disputadas é bem maior do que no resto do país (GRÁFICO 30). Nesse caso, a concentração dos votos nas microrregiões comandadas por esses núcleos assegura posição privilegiada aos deputados que por elas forem eleitos no Congresso Nacional, vez que sua posição refletirá a importância da economia, da política e da demografia das regiões a serem representadas.

Nas regiões Norte e Nordeste, os índices de concentração dos votos são menores, mas os deputados que se elegem nas microrregiões que compõem a rede urbana nacional, que são em menor número e menos importantes do que as localizadas nas demais regiões, estão entre os maiores campeões de votos, pois elas concentram contingente de eleitores bem maior do que o que se verifica no resto do país.

As evidências de concentração espacial dos votos sugerem que esse fato guarda relação com o processo de formação e consolidação da rede urbana, que, como vimos, concentra também renda, população e contingente de eleitores. As próximas seções acrescentam evidências que apontam para consequências disso para o nosso federalismo.

GRÁFICO 30
Índice de concentração espacial dos votos por estados – 2000 e 2010

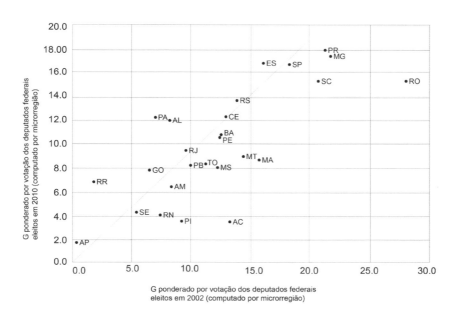

Fonte: Avelino e Biderman (2014).

4.3 Influência dos prefeitos nas eleições para a Câmara Federal

A concentração espacial dos votos pode resultar do voto pessoal, do voto local ou de ambos. O que nos interessa aqui é examinar a terceira hipótese, com foco na articulação intrapartidária, buscando verificar se a vitória na eleição para prefeito pode influenciar o desempenho do partido vencedor nas eleições para a Câmara Federal na mesma região e dois anos após.

Fato que pode contribuir para a importância da atividade partidária no nível municipal é o aumento da descentralização político-administrativa, que concorre para reduzir o grau de centralização dos partidos. Nesse caso, a eleição para o Executivo municipal amplia o poder do partido vencedor na região, em virtude do acesso a recursos, do controle sobre a máquina pública e da capacidade de mobilização dos eleitores, o que proporciona grandes vantagens eleitorais nas eleições proporcionais para o Legislativo, que ocorrem dois anos após (AVELINO; BIDERMAN, 2014).

A verificação dessa hipótese se beneficia do fato de o calendário eleitoral brasileiro estipular a realização de eleições a cada dois anos, alternando a eleição para prefeitos com a eleição, dois anos após, para os Legislativos estaduais e nacional. A influência da eleição para prefeitos será confirmada caso isso aumente as chances de vitória dos candidatos de seu partido à Câmara Federal nas eleições seguintes.

Mediante a análise dos resultados das eleições ocorridas no período 1996-2010, o estudo conclui que os partidos que ganharam as eleições dois anos antes exibem melhor desempenho nas eleições proporcionais dois anos depois, vez que o percentual de votos alcançados por seus candidatos a deputado federal é significativamente maior do que o obtido pelos perdedores (TABELA 16).

TABELA 16

Desempenho dos partidos que ganharam, *vis-à-vis* os que perderam as eleições para prefeitos, nas eleições subsequentes para a Câmara Federal (percentagem média de votos obtidos por ano)

Ano	Média do partido vencedor	Média dos que perderam
1998	0.157 (0.163)	0.146 (0.154)
2002	0.174 (0.175)	0.164 (0.161)
2006	0.154 (0.159)	0.146 (0.145)
2010	0.140 (0.149)	0.127 (0.130)
Pooled	0.157 (0.162)	0.135 (0.147)

Desvio padrão entre parênteses.
Fonte: Avelino, Biderman e Barone (2014a).

CAPÍTULO 4

FUTURO: A POLÍTICA DO FEDERALISMO: CONCENTRAÇÃO ELEITORAL E MUNICIPALIZAÇÃO DA POLÍTICA...   107

Testes adicionais usando métodos estatísticos mais rigorosos feitos pelos autores desse estudo confirmam a influência do partido vencedor nas eleições para o Executivo municipal nas eleições subsequentes. A eleição do prefeito contribui para aumentar em cerca de 10% o desempenho do partido nas eleições proporcionais subsequentes, e essa influência não se restringe a cidades pequenas, como poderia ser arguido, pois o tamanho das cidades não afeta os resultados.[22]

É interessante observar que os resultados do estudo de Avelino e Biderman variam para diferentes períodos eleitorais. Em 1998, um candidato do partido do prefeito aumentava em 11% suas chances de obter uma cadeira na Câmara Federal. Esse percentual baixou um pouco nas eleições seguintes, mas aumentou para 27% nas eleições realizadas em 2010, o que parece estar relacionado ao efeito de mudanças na legislação eleitoral, que proibiu a troca de partidos, limitando essa possibilidade a um fato novo, como a criação de partido ou fusão de partidos existentes.

Os resultados mostram que diferenças partidárias contam, pois partidos mais organizados exibem melhor desempenho eleitoral subsequente. A comparação dos resultados exibidos pelo PMDB e pelo PT com os alcançados pelo PDT e o PTB, por exemplo, reflete a influência do grau de organização partidária (TABELA 17).

TABELA 17
Percentual de votos para deputado federal nos municípios em que o partido foi um dos dois primeiros colocados nas eleições municipais

Partidos	1998	2002	2006	2010
Todos	16	19	17	15
PMDB	20	21	23	21
PPB/PP	13	18	16	17
PDT	6	9	9	8
PT	15	24	19	23
PTB	6	7	7	8
PFL/DEM	23	24	18	---
PSDB	18	22	20	16

Fonte: Avelino, Biderman e Barone (2014a).

A combinação dessas duas informações provoca questão interessante. Se a vitória nas eleições municipais favorece o desempenho dos seus partidos nas eleições para a Câmara Federal, isso traria incentivo

---

[22] Para detalhes, deve-se consultar Avelino e Biderman (2014).

para aumentar a presença dos partidos nas microrregiões que concentram poder econômico e político? Em outros termos, a influência da eleição para prefeitos reforça a tendência de concentração espacial dos votos e repercute no fortalecimento dos nós da rede urbana? Caso os dois movimentos se reforcem mutuamente, isto é, a concentração dos votos fortalece a influência dos representantes dessas regiões na Câmara Federal e a conquista da prefeitura aumente a perspectiva de aumentar o número de representantes do partido, como isso repercute no processo de fragilização dos estados?

4.4 Atuação dos representantes dos estados na Câmara Federal

Em abordagem complementar às anteriores, Pereira e Rennó[23] tratam de verificar como se comportam os representantes dos estados no que diz respeito ao favorecimento de suas bases eleitorais e ao acesso a recursos do orçamento federal. Nesse particular, o estudo se concentra no exame das emendas parlamentares, buscando verificar o padrão de distribuição das emendas aprovadas, liquidadas e pagas por município no período de 1998 a 2010.

O que se pretende observar é como o padrão de distribuição espacial das emendas se relaciona com o padrão de distribuição espacial dos votos. A hipótese é a de que os deputados eleitos em regiões mais importantes – as principais microrregiões da rede urbana – teriam maior capacidade para liberar as emendas que beneficiam os municípios dessas microrregiões (emendas mais importantes), tanto pela sua natureza quanto pelos valores, o que aumentaria o poder da influência das eleições para prefeitos nas eleições para a Câmara, ampliando o efeito combinado desses três componentes do processo de municipalização da política estadual.

A análise da repartição territorial das emendas aprovadas, liberadas e pagas mostra aumento da concentração espacial dos beneficiários, entre 1998 e 2009, resultante da queda na proporção de municípios beneficiados (GRÁFICO 31). Em 2009, o percentual de municípios beneficiados caiu a menos da metade, em comparação com índices registrados em 1998, resultado de queda contínua ao longo do período.

Nos primeiros anos da série, a discrepância entre beneficiários das emendas aprovadas, liquidadas e pagas é menor, mas, a partir 2002, o quadro muda, apresentando acentuada variação. As crescentes dificuldades que o governo federal enfrenta para atender a todas as demandas que se exercem sobre o orçamento se refletem na acentuada queda no percentual

---

[23] Pereira e Rennó (2014).

de municípios que receberam recursos (emendas pagas) entre 2007 e 2009. Em 2009, a concentração das emendas pagas atingiu o índice mais elevado de todo o período.

GRÁFICO 31
Percentagem de municípios beneficiários por ano, no Brasil, 1998-2009

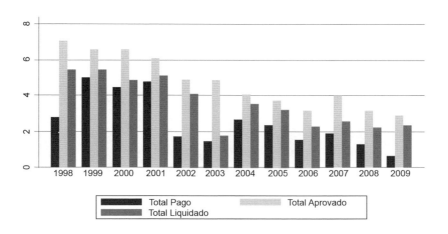

Fonte: Pereira e Rennó (2014).

Vale a pena ressaltar que o alto grau de concentração das emendas pagas em 2009 coincide com forte aumento dos valores pagos nesse ano (GRÁFICO 32) e com aumento da influência da eleição para prefeitos nas eleições proporcionais realizadas em 2010. Não há base para estabelecer relação entre esses fatos, mas a coincidência merece ser explorada.

À diferença do ocorrido em 2009, a distribuição anual dos valores das emendas aprovadas, liquidadas e pagas mostra padrão similar ao verificado no caso da repartição do número de beneficiários durante todo o período estudado. Outra discrepância, similar à de 2009, ocorreu em 2000, com os valores pagos apresentando forte crescimento em ano de eleições municipais. O aumento da diferença entre os valores das emendas liquidadas e pagas, a partir de 2006, coincide com o crescimento dos restos a pagar.

GRÁFICO 32
Valores aprovados, liquidados e pagos por ano, no Brasil, 1998-2009

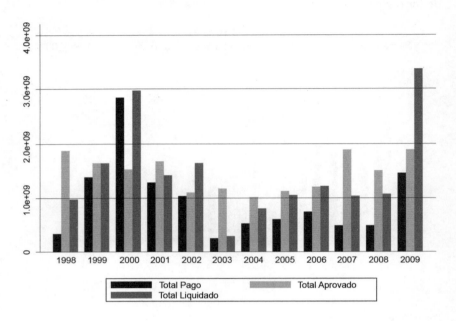

Fonte: Pereira e Rennó (2014).

Informação adicional importante aos objetivos deste capítulo refere-se à concentração das emendas em número cada vez mais reduzido de municípios. Quais são e onde estão esses municípios? A Figura 2 fornece evidências a esse respeito.

Verifica-se, em primeiro lugar, que são grandes as diferenças entre municípios beneficiados e que o padrão exibido nos mapas não difere substancialmente quando observamos emendas aprovadas, liquidadas e pagas. De modo geral, a localização dos municípios que receberam emendas em montante que supera, em muito, a média do conjunto (destaque em vermelho) se repete para as três categorias mencionadas, o que ocorre no caso oposto, isto é, montantes bem abaixo da média (destaque em azul).

Não se percebe uma clara preferência regional com a intensidade dos valores atribuídos às mesmas localidades diminuindo quando passamos das emendas aprovadas às pagas, como ocorre para o conjunto.

FIGURA 2
Localização dos municípios que mais se beneficiaram de emendas aprovadas, liquidadas e pagas, no Brasil, 1998-2009

Aprovadas

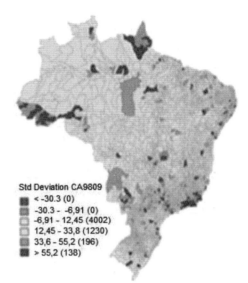

Liquidadas

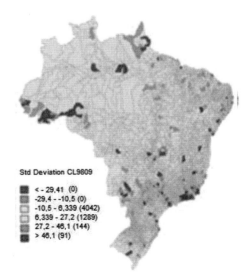

Pagas

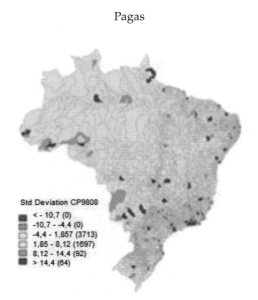

Fonte: Pereira e Rennó (2014).

Buscou-se, ainda, aferir a importância de fatores que podem contribuir para que alguns municípios tenham preferência ou sofram restrições no recebimento de emendas. No primeiro caso, sobressaem-se, positivamente, o fato de ter o município recebido emendas no ano anterior, a respectiva competitividade partidária, e o fato de o prefeito ser do mesmo partido do presidente ou pertencer à sua coalizão partidária. Das restrições que afetam negativamente o recebimento de emendas são relevantes a presença do município no cadastro de inadimplentes do governo federal, bem como o efeito limitador das auditorias realizadas pela Controladoria-Geral da União (CGU). Também contam positivamente as carências sociais dos municípios nos campos da saúde, da educação e da criminalidade, sugerindo que a combinação de fatores políticos e técnicos reforça a atratividade dos municípios para receber emendas.[24]

A continuidade na preferência por receber emendas e a participação no mesmo espaço político ocupado pelo presidente da República são indícios de que a repartição das emendas está em sintonia com o padrão de concentração espacial dos votos e com a influência da eleição para o Executivo municipal nas eleições proporcionais subsequentes, indícios esses analisados nas seções anteriores deste capítulo.

---

[24] Para detalhes, consulte-se Pereira e Rennó (2014).

A influência do partido vencedor das eleições municipais nas eleições posteriores para a Câmara Federal deve aumentar com a capacidade dele continuar recebendo volume apreciável de emendas, o que se relaciona com o fato de ele ser do mesmo partido, ou mesma coalizão partidária, do presidente. Ademais, a vantagem nas urnas e o recebimento de emendas concorrem para reforçar o padrão de concentração espacial dos votos.

Tudo isso reforça o argumento de que o processo de fortalecimento da rede urbana, analisado nos capítulos anteriores, estaria repercutindo na política à medida que os núcleos dessa rede estiverem associados com o padrão de concentração espacial dos votos, ao passo que o aumento do poder político desses mesmos núcleos repercutiria no fortalecimento econômico e demográfico dos nós dessa rede.

Os estudos realizados não buscaram explorar essa questão, mas a comparação do mapa que mostra a localização dos principais núcleos da rede urbana (FIGURA 3) com os anteriores, que destacam os municípios mais beneficiados pelas emendas parlamentares, indica uma insuspeita coincidência.

FIGURA 3
Centros de mais alto nível na rede urbana nacional

4.5 Comentários finais – o triângulo de ferro

Combinados, os efeitos gerados pela influência das eleições municipais na votação para Legislativo federal repercutem na atuação dos representantes estaduais na Câmara Federal contribuindo para a formação de um triângulo de ferro, que reforça a centralização do poder, aumenta a fragilização dos estados no federalismo brasileiro e concorre para a ampliação das disparidades intermunicipais.

O processo de urbanização e de formação da rede urbana reforça o poder econômico e político dos principais núcleos dessa rede por meio da concentração espacial dos votos e da atuação dos representantes das respectivas microrregiões em Brasília, tanto por meio do acesso preferencial a recursos orçamentários quanto mediante obtenção de maiores vantagens tributárias e creditícias.

As consequências desse fato para o nosso federalismo ainda não foram apreciadas. A ampliação das disparidades intermunicipais cria quadro mais complexo de ser avaliado do que o velho paradigma que trata dos conflitos federativos à luz das disparidades entre as cinco grandes regiões geográficas do país.

Apesar das evidências reunidas sobre a formação desse triângulo ainda não serem suficientemente fortes para demonstrar claramente sua existência, os fatos indicam que renovados estorços para que essa situação seja bem compreendida são importantes para abrir caminhos diferentes à condução de reformas que concorram para o equilíbrio federativo, com destaque para a construção de novo modelo de federalismo fiscal.

CAPÍTULO 5

CAMINHOS: POR QUE A CRISE ATUAL DO FEDERALISMO REQUER TRANSITAR POR CAMINHOS DIFERENTES DOS ADOTADOS NO PASSADO?

5.1 Introdução

Conforme mencionado anteriormente, as crises atravessadas pelo federalismo ao longo da nossa história foram resolvidas de forma simplista: pela redistribuição de receitas fiscais. Como elas se manifestavam no crepúsculo de regimes autoritários, o acordo político era mais fácil de obter, pois havia um inimigo comum enfraquecido a enfrentar. Nesse ambiente, todos se uniam numa coalizão que buscava atender aos interesses coletivos dos entes federados por maior participação no bolo tributário nacional. Em nenhum momento, a questão da repartição dos encargos do Estado nacional na federação mereceu a devida atenção.

Agora, o cenário é diferente. Não se trata de mudança de regime político; a democracia brasileira está consolidada. E não há espaço para redistribuir capacidade tributária ou receitas do governo federal para estados e municípios, pois o orçamento federal está quase totalmente comprometido com a agenda social e a estabilidade monetária, como indicam os números do Gráfico 1. Qualquer mudança nessa área implica em pôr em debate a agenda do Estado e a questão da repartição das responsabilidades, pela implementação dessa agenda, entre entes federados.

Ninguém discute a importância dos ganhos que a sociedade brasileira obteve com a agenda desenhada na reforma constitucional de 1988. A questão é outra. Em que medida ela precisa ser revista para que seja possível conciliar a implementação dessa agenda com as exigências de competitividade da economia, da qual depende a sua própria sustentação?

Como acomodar, nessa revisão, o impacto do acelerado processo de urbanização e as novas demandas da sociedade por qualidade dos serviços urbanos, que, embora façam parte da lista dos direitos sociais estabelecidos no capítulo sexto da Constituição, foram expulsos do orçamento e sofreram acentuada deterioração? E de que modo eliminar o descompasso entre convergência social e convergência regional para promover coesão nacional, equilíbrio federativo e redução das tensões e conflitos, de modo a viabilizar a aprovação das reformas institucionais indispensáveis ao futuro do Brasil?

GRÁFICO 33
Repartição do crescimento da arrecadação federal: 1997-2011

Fonte: Almeida (2013).

No modelo adotado pós 1988, a opção foi concentrar no governo federal a maior parte das responsabilidades pela implementação da agenda do Estado brasileiro, de modo a garantir que ela ganhasse em amplitude, isto é, privilegiasse a cobertura. Na revisão dessa agenda, a prioridade na eficiência e na qualidade da gestão das políticas nacionais precisa direcionar o foco à necessidade de garantir a cooperação. A capacidade de conciliar a ênfase na universalidade da cobertura com a necessidade de atender às aspirações por eficiência e qualidade das políticas, mediante a adoção de mecanismos apropriados para induzir a cooperação, é a chave para destravar um processo de discussão que contemple a necessidade de evitar que a perda de coesão e o agravamento dos conflitos federativos ponham em risco a continuidade dos ganhos sociais.

5.2 Os novos caminhos

O marco inicial desses novos caminhos é o estabelecimento dos contornos de novo modelo de federalismo fiscal, no qual o princípio da cooperação federativa tenha posição de destaque. No processo de construção

CAPÍTULO 5
CAMINHOS: POR QUE A CRISE ATUAL DO FEDERALISMO REQUER TRANSITAR POR CAMINHOS DIFERENTES...

117

desses caminhos, três questões, adiante referidas, devem merecer tratamento prioritário.

a) A retomada de uma velha solução para um renovado conflito.
b) A adoção de uma nova solução para um velho conflito.
c) A busca de solução para um novo problema.

A velha solução para um renovado conflito refere-se à retomada do protagonismo do governo federal no campo da política de desenvolvimento regional. A redução das desigualdades sociais e regionais é um dos objetivos fundamentais da República Federativa do Brasil, destacado no texto constitucional (inciso III do artigo 3º da Constituição), cabendo à União a competência para elaborar e executar planos nacionais e regionais de ordenação do território e de desenvolvimento econômico e social (inciso IX do artigo 21).

É amplamente reconhecido que o pouco caso atribuído ao exercício da responsabilidade do governo federal no tocante à preocupação com a questão das desigualdades regionais estimulou a iniciativa dos estados de preencherem esse vazio mediante concessão de generosos benefícios do ICMS, o que, embora possa ter trazido benefícios para alguns, acarretou a escalada dos conflitos que agora inviabilizam a reforma desse imposto.

Nesse contexto, em vez de definir estratégias adequadas para lidar com o conflito regional e adotar nova política voltada a retomar o processo de convergência de rendas entre as regiões brasileiras, o governo federal tomou atitude no mínimo equivocada, que inverte a lógica com que esse problema deve ser tratado. Nessa inversão, o problema regional é abordado como questão subsidiária no âmbito de propostas de reforma do ICMS, quando, a rigor, deveria ser o contrário. O entendimento e a compreensão dos efeitos que nova política nacional de desenvolvimento regional pode trazer às regiões menos desenvolvidas criam condições favoráveis ao avanço da reforma nesse imposto, e não o contrário, como vem sendo tentado.

Não é objeto deste capítulo avançar na proposição de nova política regional, mas cabe explicitar quais deveriam ser, na visão do autor, os pilares de uma proposta que vise reduzir disparidades e promover a coesão nacional: o trinômio infraestrutura, tecnologia e educação. Incentivos fiscais federais devem fazer parte dos instrumentos dessa nova política, mas não devem ser o elemento central.

A nova política precisa contemplar realidade diversa daquela que orientou a ação do governo federal no passado. Há tempos, especialistas na área do desenvolvimento regional demandam atenção a um novo mapa dos problemas regionais brasileiros e discutem a necessidade de adoção, pelo governo federal, de nova estratégia voltada à redução das disparidades regionais de desenvolvimento.[25]

---

[25] Para maiores informações a respeito, consulte-se Rezende (2013).

A nova solução para um velho conflito trata de enfatizar a coordenação, como alternativa à centralização, para conciliar avanços sociais com descentralização de responsabilidades e de recursos e equilíbrio federativo. No marco da prioridade que precisa ser atribuída à eficiência da gestão e à qualidade dos serviços que o Estado deve prover à população, o binômio descentralização/coordenação tem fundamental importância ao objetivo pretendido. Para a formação desse binômio, são necessárias mudanças importantes no regime de transferências intergovernamentais de recursos, a fim de construir novo modelo de federalismo fiscal.

Mais complicada é a busca de solução para um novo problema. Refiro-me ao tratamento de problemas que se acumularam em razão da combinação do rápido processo de urbanização com a fragilização da posição dos estados e o fortalecimento financeiro e político dos municípios. As implicações da combinação desses fatos para o federalismo brasileiro ainda precisam ser devidamente exploradas; é certo que ela cria novos desafios provocados pelas dificuldades para adaptar o aparato institucional aos impactos territoriais de uma acelerada dinâmica socioeconômica da população, em face da rigidez das regras e dos conflitos existentes. E o fato de requerer solução mais complicada não deve ser motivo de desânimo. Ao contrário, talvez pelas novidades que encerra, a abordagem dessa questão possa abrir novas perspectivas ao encaminhamento de soluções para as demais.

O foco da busca de soluções para o novo problema deve estar dirigido para a recuperação do espírito das mudanças que foram promovidas pelos representantes do povo na Assembleia Nacional Constituinte, que pretendiam promover a universalização dos direitos sociais e o fortalecimento da federação. A proposta de harmonização da tributação de mercadorias e serviços, adiante contemplada, abre espaço para que essa preocupação seja retomada.

5.3 Os novos caminhos devem conduzir à adoção de um novo modelo de federalismo fiscal

A construção de um novo modelo de federalismo fiscal, que concorra para conciliar as exigências da modernização tributária, do equilíbrio federativo, da qualidade da gestão publica e da responsabilidade fiscal, requer que se adote procedimento inteiramente distinto do adotado no passado recente, com respeito ao encaminhamento de propostas de mudanças nessa área.

Primeiro: a abordagem deve ser abrangente, pois a questão fiscal é multifacetada e não comporta, se o objetivo é implementar reformas estruturais, mudanças parciais e voltadas a atender prioritariamente a um só dos problemas conhecidos.

Segundo: o debate deve partir da busca de entendimento sobre princípios, diretrizes e linhas gerais a serem observadas na construção desse novo modelo, e não, como tem sido a marca das tentativas recentes, de uma proposta de emenda constitucional. Terceiro: nenhuma mudança abrangente é viável sem o desenho acurado do caminho a ser percorrido durante o processo de transição. É no desenho da transição que os conflitos de interesses podem encontrar os necessários espaços de negociação, de forma a impulsionar um ciclo virtuoso de mudanças. E é o acordo prévio sobre o processo de transição que pode permitir a aprovação de mudanças necessárias, embora polêmicas, desde que sejam implementadas segundo calendário estabelecido após intenso processo de negociação.

Princípios e diretrizes

São três os princípios a serem observados na construção de um novo modelo de federalismo fiscal: *equiparação* (de capacidades para o adequado exercício das respectivas responsabilidades e o atendimento das demandas dos cidadãos); *harmonização* (das ações e dos instrumentos aplicados); e *cooperação* (na formulação e gestão das políticas públicas).

Os princípios enunciados podem ser aplicados à regulamentação dos dispositivos constitucionais de que tratam os artigos 23 (equilíbrio do desenvolvimento e do bem-estar social), 161 (equilíbrio socioeconômico entre estados e municípios) e 155, XII (regular a concessão e a revogação de incentivos fiscais).

A promoção do equilíbrio do desenvolvimento e do bem-estar social requer a equiparação das capacidades de atendimento dos estados (recursos orçamentários) às demandas de seus cidadãos, de modo a contribuir para: o equilíbrio socioeconômico entre estados; a isonomia de oportunidades de ascensão social de todos os cidadãos; e a redução das desigualdades sociais e regionais.

A equiparação das capacidades de atendimento depende de regime de transferências federais que leve em conta diferenças de capacidade de financiamento que resultam da concentração de bases tributárias. Dada a mobilidade das bases tributárias, esse regime precisa ser constantemente atualizado.

A equiparação das capacidades de atendimento às demandas da sociedade é condição necessária, mas não suficiente, para a eficiência e a eficácia da ação dos entes federados, pois a localização das demandas não guarda relação com os limites políticos de cada jurisdição. Portanto, ela não é suficiente para que o equilíbrio socioeconômico entre os estados seja atendido; precisa ser acompanhada de cooperação intergovernamental contemplada nas normas que regulam o sistema de transferências.

A harmonização da política tributária completa o conjunto de regras sobre as quais se assentam o equilíbrio da federação e a coesão dos entes federados. A exigência constitucional de regras para regular a concessão e a revogação de incentivos fiscais tem como fundamento o fato de que sua ausência gera ambiente propício à acumulação de conflitos e antagonismos entre entes federados, o que inviabiliza a cooperação.

Esses princípios se traduzem nas seguintes diretrizes:

- A necessidade de evoluir na direção de um sistema tributário nacional. Uma federação é uma união econômica que depende de política tributária harmonizada para assegurar o adequado aproveitamento das oportunidades de desenvolvimento do país.
- A necessidade de assegurar o equilíbrio na repartição das responsabilidades e dos recursos com que os entes federados contam para atendê-las.
- A necessidade de o Estado brasileiro assegurar a isonomia de oportunidades de ascensão social a todos os cidadãos brasileiros, independentemente de locais de nascimento e moradia.

Como enfatizado anteriormente, o sucesso da proposta de construção de novo modelo de federalismo fiscal depende de cuidadoso desenho do processo de transição que concilie exigências do equilíbrio federativo e preservação do compromisso com responsabilidade fiscal. E o desenho dessa transição requer a escolha de novos caminhos para que seja possível superar obstáculos que têm impedido qualquer avanço na direção desejada.

5.4 Comentários finais

Os elementos reunidos neste livro destacaram a importância de pôr a questão das disparidades intrarregionais e intermunicipais no centro de debate que vise construir novos caminhos à atenuação dos conflitos e à promoção do equilíbrio federativo.

Essa posição é reforçada pela fracassada tentativa de avançar na direção dessa reforma por ocasião dos trabalhos da comissão instalada no Senado Federal, em 2012, para propor medidas que visassem fortalecer o pacto federativo. Tais propostas não encontraram espaço para prosperar naquele momento – entre outros motivos, porque ela não tratou, preliminarmente, do problema regional aqui explicitado.

Num contexto em que a posição dos estados na federação se enfraquece, tanto no plano fiscal quanto no político, nova leitura das disparidades regionais, que conduza à formulação de nova política de desenvolvimento regional, é fundamental para desarmar conflitos que impedem avanços na reforma do ICMS, de modo a encerrar a guerra fiscal e abrir espaço à revisão do sistema de transferências, freando o processo de esvaziamento dos estados e avançando na reconstrução do equilíbrio federativo.

A demora em adotar nova atitude na condução dos debates que visam encontrar solução para os conflitos federativos repercute negativamente nas perspectivas de crescimento da economia e, ao fim e ao cabo, erode a base tributária dos estados, retirando dinamismo da receita estadual.

O comportamento do PIB não augura bons momentos para as finanças estaduais nos próximos anos. A indústria continua derrapando, e isso repercute em componente tradicionalmente importante da base tributária do ICMS. As importações que cresceram para atender ao crescimento do mercado interno nos últimos anos ajudaram a sustentar a receita estadual, mas não apenas o crescimento do consumo deverá arrefecer – também o aumento do desequilíbrio externo deverá repercutir negativamente no comportamento do ICMS. E isso ocorre em contexto no qual a ilusão de que a fonte de onde jorrou o grosso do dinheiro que abasteceu cofres estaduais nas duas últimas décadas (tributação de combustíveis, energia elétrica e telecomunicações) era inesgotável começa a se dissipar.

Há algum tempo, está em discussão a necessidade de reformar o sistema tributário para remover barreira importante à melhoria da competitividade da produção nacional e à obtenção de índices mais satisfatórios de crescimento; e a reforma do ICMS tem merecido prioridade nos debates e nas iniciativas adotadas recentemente. Mas a maneira adotada para abordar a questão insiste em caminho equivocado.

A linha da argumentação parte do reconhecimento de que a reforma do ICMS é assunto que pode ser resolvido isoladamente por meio de tortuosa negociação entre estados e concessão de compensações financeiras pelo governo federal. Como o conflito entre estados é grande e a oferta de compensações é tímida e limitada, as negociações se arrastam, e, mesmo esticando o prazo e adotando tempos distintos para a implementação das mudanças, tem sido impossível chegar ao final.

A mais recente tentativa de reforma do ICMS explorou todos os limites de tempo e imaginação, tendo avançado como nunca na busca de acordo entre estados. É como se ninguém quisesse abandonar o jogo, mas nem todos pretendessem que ele acabe. Acordos que pareciam sólidos são desfeitos abrindo nova rodada, e assim sucessivamente.

O equivoco de seguir esse caminho está em inverter a lógica que deveria orientar a busca de solução. Ele pressupõe que os conflitos federativos explicam-se predominantemente por práticas tributárias estaduais, embora elas reflitam problema de maior vulto com origem nas disparidades socioeconômicas regionais. Como a preocupação com a política nacional de desenvolvimento regional foi relegada a segundo plano, deu-se guarida ao avanço da guerra fiscal entre estados e à decorrente dificuldade política de coibi-la.

No caminho que vem sendo trilhado, a política regional é tratada como questão subsidiária à reforma do ICMS, resumindo-se às propostas de repasses financeiros e de aportes de recursos para investimentos, sem estar amparada em nova leitura dos problemas regionais brasileiros que permita construir uma nova estratégia para lidar com disparidades regionais em ambiente distinto daquele que vigia no passado.

É preciso mudar a rota. A reforma do ICMS precisa ser discutida no âmbito de nova proposta de política de desenvolvimento regional que leve em conta: transformações ocorridas no processo de ocupação econômica e demográfica do território brasileiro, inédita velocidade do processo de urbanização e de concentração populacional em grandes centros urbanos, e novos desafios que os cenários internacional e doméstico geram à sustentação do nosso desenvolvimento e ao equilíbrio regional e federativo.

Para tanto, o governo federal precisa assumir a liderança. Inserir a reforma do ICMS no marco de um debate sobre a política nacional de desenvolvimento regional significa recompor instrumentos dessa política à luz da necessidade de conciliar incentivos ao equilíbrio territorial do desenvolvimento com qualidade e eficiência do sistema tributário e o apaziguamento dos conflitos federativos. Parece ousado e ambicioso – e é. Mas ambição e ousadia são necessárias a questões que, pela sua importância para o futuro do país, não podem ficar à mercê de medidas paliativas que, se em algum momento vierem a ser aprovadas, não são suficientes para mudar o destino.

O debate proposto não parte do marco zero: em 2012, o Ministério da Integração Regional organizou a I Conferência Nacional de Desenvolvimento Regional, que contou com apoio de entidades nacionais e internacionais e participação de especialistas, tendo por objetivo gerar subsídios à formulação de uma nova Política Nacional de Desenvolvimento Regional. Não há notícia com respeito ao destino dado aos resultados dessa conferência, mas, ainda que não tenha alcançado seu objetivo, ela dá sinal de que a preocupação existe e pode ser reativada.

CAPÍTULO 6

À GUISA DE CONCLUSÃO

Na década de oitenta, um livro intitulado *A Marcha da Insensatez* frequentou durante algum tempo a lista dos mais vendidos no país. Nele, a historiadora Barbara Tuchman aponta paradoxo que levou governantes, ao longo da história, a adotar atitudes contrárias aos interesses de suas nações, movidos por objetivos particulares ou pressão de interesses individuais, pondo de lado interesses coletivos e apelos da razão.

A lembrança desse livro vem a calhar para tratar de uma marcha que revela a insensatez que preside a discussão sobre a reforma do ICMS. Nessa marcha, a insensatez se manifesta: na recusa em admitir os problemas que a guerra fiscal entre estados acarreta à competitividade da economia e ao desenvolvimento do país; na súbita mudança de rumos e de posições adotadas nas negociações que visam corrigir o problema; na dificuldade em enxergar o óbvio; e na inversão do caminho que vem sendo seguido.

O caminho que vinha sendo trilhado tratava de buscar a convergência de três vertentes com efeitos complementares: redução gradual das alíquotas interestaduais desse imposto; revisão das regras adotadas nos contratos de renegociação das dívidas dos estados com o governo federal; e definição das compensações financeiras a serem aportadas pelo governo federal para viabilizar acordo entre estados.

Por cerca de um ano, as conversas travadas ao longo desse caminho pareciam indicar que a insensatez estava sendo superada. Mútuas concessões permitiram avançar até um ponto nunca alcançado, dando impressão de que pequeno empurrão poderia fazer com que o acordo fosse sancionado.

Ledo engano. A caminhada foi bruscamente interrompida com a saída de alguns de seus integrantes, e todos pareciam aguardar a aparição de novo momento propício para sua retomada. Parecia que esse momento poderia surgir de desfecho favorável para uma das vertentes que estavam sendo construídas – a revisão das regras adotadas na renegociação das dívidas estaduais –, o que contava com manifestações favoráveis do Legislativo e atendia parcialmente aos interesses de aliados do governo federal.

Mas a insensatez voltou a predominar. Problemas imediatos criados pela ausência de horizonte claro para encontrar uma saída reabrem velhas feridas que provocam intervenções insensatas. Interesses coletivos e objetivos nacionais de corrigir problema que compromete as chances de o Brasil superar a armadilha da renda média para reunir-se ao clube dos países desenvolvidos são postos de lado dando ensejo à busca de paliativos que amenizam o sofrimento de alguns por pouco tempo e promovem a desgraça de todos para sempre.

A nova dose de insensatez se manifesta na pressão para aprovar a convalidação dos benefícios concedidos (o que precisa ser feito) sem adotar, simultaneamente, medidas necessárias para impedir a repetição das práticas ilegais que criaram a situação vigente (o que não deve ser feito). Para isso, busca-se atalho para sancionar práticas adotadas no passado, desviando-se, mais uma vez, do caminho que vinha sendo seguido.

A insensatez vem de cima e se manifesta na inversão da rota adotada nessa marcha. O conflito federativo e a escalada da guerra fiscal alimentaram-se da interrupção do processo de redução das disparidades de desenvolvimento entre as regiões brasileiras desde o início dos anos noventa do século passado. Nesse último quarto de século, a dinâmica socioeconômica promoveu profundas transformações no processo de ocupação do território nacional, ampliando disparidades inter e intrarregionais, na ausência de nova estratégia nacional de desenvolvimento regional para lidar com elas.

Os sinais de que a insensatez predomina podem ser encontrados na impossibilidade de construir acordo para uniformizar as alíquotas do ICMS aplicadas ao comércio interestadual de mercadorias para apaziguar conflitos entre os estados, que foram se acumulando ao longo do tempo em virtude do acirramento da guerra fiscal.

A simples existência de alíquotas diferenciadas já contraria princípio básico de que não devem existir barreiras de qualquer natureza à livre circulação de pessoas, produtos e capitais no território abrangido pela união dos entes federados. Não só elas existem na federação brasileira, como o tamanho das barreiras tributárias erigidas pelo ICMS varia conforme origem e destino dos produtos que cruzam divisas estaduais.

A motivação para a existência dessas barreiras se perdeu ao longo da história, mas sua sobrevivência transformou-se na principal arma da guerra fiscal. Por isso, há algum tempo, discute-se como derrubá-las para eliminar conflitos e antagonismos, que são a causa principal da fragilização dos estados brasileiros.

As negociações que visavam unificar as alíquotas aplicadas ao comércio inter-regional em patamar reduzido fundamentavam-se na crescente preocupação com o clima de insegurança jurídica que vem travando a ampliação dos investimentos e criando obstáculos à sustentação de índices mais satisfatórios de crescimento de nossa economia. A proposta que poderia unir estados e alcançar esse objetivo era a que estabelecia redução sincronizada dessas alíquotas ao longo de oito anos, ao final dos quais estariam unificadas no nível de 4%. Mas, à medida que as conversas evoluíam, improvisos e casuísmos deformavam o espírito da mudança e introduziam modificações que encerravam enorme potencial de ampliar conflitos, em lugar de apaziguá-los.

A demanda por preservação de medida adotada na década de oitenta do século passado para reduzir desequilíbrios na repartição das receitas estaduais no contexto em que a economia brasileira mantinha-se fechada ao intercâmbio comercial com o exterior amplia riscos de multiplicação de conflitos e de afrouxamento da coesão dos entes que compõem a federação.

A predominância de visão que busca preservar vantagens imediatas ofusca a percepção dos riscos envolvidos na sustentação de briga fratricida que põe em campos opostos interesses de estados que ocupam distintas regiões do país. A fragilização dos estados brasileiros não tem dimensão regional; todos padecem de perda de autonomia orçamentária, limitações no campo tributário, impotência legislativa e perda de influência na política nacional. Esvaem-se sentimentos de que todos fazem parte de uma só nação, e encolhe o espaço para a construção de um projeto nacional de desenvolvimento que reforce os laços econômicos e políticos entre regiões brasileiras e assegure condições necessárias à sustentação do crescimento do país.

Mais grave ainda são os estragos que a mudança em discussão pode causar ao país. O que restará da indústria nacional? Como atrair serviços modernos se o ICMS continuar penalizando insumos estratégicos para a competitividade desses serviços? E a qualidade de nossa pauta de exportação? A perspectiva de queda no valor a ser adicionado no território brasileiro repercutirá no índice de crescimento da economia e na receita de todos os entes federados. Municípios sofrerão impactos da concentração da atividade produtiva em alguns polos regionais e da perda de dinamismo das transferências federais, enquanto a erosão das bases tributárias criará maiores dificuldades para a União manter seu projeto de sustentação de modelo de crescimento com inclusão social.

Mudanças no ICMS não devem ser vistas como problema de interesse exclusivo dos estados e sob a ótica de conflito regional que precisa ser superado. O que está em jogo, no momento, é o interesse nacional; e ele não sobrevive a um regime tributário que evolui com base em improvisos e casuísmos. Quanto mais prosperem entraves, mais dificuldades o país enfrentará para garantir seu ingresso no seleto grupo das nações desenvolvidas.

A lógica recomenda que o acordo em torno da reforma do ICMS deve ser firmado no marco de nova estratégia regional que contemple desafios que a abertura econômica trouxe à coesão territorial e federativa. O referido marco deve, portanto, acompanhar a definição dessa estratégia e a adoção, pelo governo federal, de instrumentos necessários para implementá-la, e não ser tratado como questão subsidiária, resumindo-se a debate sobre compensações financeiras. Na perspectiva recomendada, a redução das alíquotas interestaduais poderia ser acompanhada da substituição do benefício estadual por equivalente concessão de incentivos federais; e o apoio aos investimentos privados, nas regiões menos desenvolvidas, deveria ser objeto de recomposição da estratégia de financiamento das agências financeiras públicas a ser orientada pelo objetivo de promover equilíbrio socioeconômico regional.

A obtenção desse acordo é fundamental para que interesses nacionais de sustentar o modelo de crescimento econômico com inclusão social, mundialmente reconhecido como importante marco da política nacional adotada na última década, sejam atendidos. A reforma do ICMS é questão que interessa ao futuro de todos os brasileiros – não se resumindo a uma disputa entre estados.

As mudanças tributárias que o país requer precisam apoiar-se em princípios e conceitos, sob pena de ajudarem a empurrar a federação à beira do abismo. Se insistimos em mudanças pontuais, resta parafrasear a recomendação de conhecido cronista carioca, cujo pseudônimo era Stanislau Ponte Preta: "ou restaurem-se os princípios tributários, ou afundemos todos".

É preciso interromper a marcha da insensatez e seguir os caminhos ditados pela razão.

REFERÊNCIAS

AFONSO, Jader Julianelli. Federação, distribuição das competências constitucionais e limites orçamentários: Pacto Federativo? *In*: SEMINÁRIO O ESTADO E A FEDERAÇÃO, 27 nov. 2013, Brasília: CAE – Senado Federal, 2013.

AFONSO, José Roberto. Estados nos Regimes Federativos – Aspectos Fiscais. *In*: SEMINÁRIO O ESTADO E A FEDERAÇÃO, 27 nov. 2013, Brasília: CAE – Senado Federal, 2013.

ALMEIDA, Mansueto. Execução orçamentária do governo federal: novas evidências e barreiras ao investimento. *In*: REZENDE, Fernando; CUNHA, Armando. *A Reforma Esquecida*. Vol. II. FGV, 2014.

ARRETCHE, Marta; SCHLEGEL, Rogerio. *Os estados nas federações*: Tendências gerais e o caso brasileiro. Documento para discussão nº IDB-DP-334. Banco Interamericano de Desenvolvimento, 2014.

ARRETCHE, Marta; SCHLEGEL, Rogerio. Os Estados nos regimes federativos. *In*: SEMINÁRIO ESTADO E A FEDERAÇÃO, 27 nov. 2013, Brasília: CAE – Senado Federal, 2013.

AVELINO, George; BIDERMAN, Ciro. *Voto Pessoal, Voto Regional e Estratégias Eleitorais*: a Concentração Eleitoral no Brasil, 2002-2010. 2014.

AVELINO, George; BIDERMAN, Ciro; BARONE, Leonardo. Building Local Trenches: Intra Party Linkages and Electoral Performance in Brazil, 1996-2010. *In*: IX ENCONTRO DA ABCP, 4 a 7 ago. 2014. Brasília, 2014a.

CALABI, Andréa Sandro. Crise e Desafios da Federação. *In*: SEMINÁRIO ESTADO E A FEDERAÇÃO, 27 nov. 2013, Brasília: CAE – Senado Federal, 2013.

CÂNDIDO JR., José Oswaldo. *Rede urbana, disparidades regionais e federalismo*. 2014.

CARVALHO, José Murilo. El Federalismo Brasileño: Perspectiva Historica. *In*: CHAVEZ, Alicia Hernandez (Coord.). ¿Hacia un Nuevo Federalismo? Ciudad de México: Fondo de Cultura Económica, 1996.

COSER, Ivo. *Visconde do Uruguai*: centralização e federalismo no Brasil – 1823-1866. Belo Horizonte/Rio de Janeiro: Editora da UFMG/Iuperj, 2008.

DELFIM NETTO, Simão Silber; GUILHOTO, Joaquim. *O Brasil do Século XXI*. São Paulo: Saraiva, 2011.

DOLHNIKOFF, Miriam. *O Pacto Imperial*: origens do federalismo no Brasil. São Paulo: Globo, 2005.

FRANCO, Gustavo; LAGO, Luiz Aranha. A Economia da Primeira República, 1889-1930. *In*: SCHWARCZ, Lilia Moritz (Org.). *A abertura para o mundo*: 1889-1930 – História do Brasil Nação – Vol. 3. Rio de Janeiro: Objetiva, 2012.

LEVY, Paulo Mansur; GIAMBIAGI, Fábio. Poupança e Investimento: o caso brasileiro. *In*: FERREIRA, Pedro Cavalcanti Gomes *et al.* (Orgs.). *Desenvolvimento Econômico*: uma perspectiva brasileira. Rio de Janeiro: Campus/Elsevier, 2013.

NICOLAU, Jairo. *Eleições no Brasil*: do Império aos dias atuais. Rio de Janeiro: Zahar, 2012.

PEREIRA, Carlos; RENNÓ, Lúcio. *Distribuição de Emendas Orçamentárias do Legislativo e Inclusão Dissipativa nos Municípios Brasileiros*: 1998 a 2010. 2014.

REYES, Daniela Castanhar. Descentralização ou Desconcentração: financiamento e regulação das políticas públicas a cargo de estados e municípios. *In*: REZENDE, Fernando; CUNHA, Armando. *A reforma esquecida II*: obstáculos e caminhos para a reforma do processo orçamentário. Rio de Janeiro: FGV, 2014.

REZENDE, Fernando. A Armadilha Fiscal do Baixo Crescimento e Caminhos para a Reforma Orçamentária. *In*: REZENDE, Fernando; CUNHA, Armando. *A reforma esquecida II*: obstáculos e caminhos para a reforma do processo orçamentário. Rio de Janeiro: FGV, 2014.

REZENDE, Fernando. *Integração Econômica e Coesão Nacional*: a proposta de criação do Fundo Nacional de Desenvolvimento Regional. Brasília: Ministério da Integração/IICA, 2013.

REZENDE, Fernando. *O Federalismo em seu Labirinto*: crise e necessidade de reformas. Rio de Janeiro: FGV, 2013.

REZENDE, Fernando. *Planejamento no Brasil*: auge, declínio e caminhos para a reconstrução. Brasília: CEPAL/IPEA, 2010. [Texto para Discussão, 4.]

WATTS, Ronald; KINCAID, John. Introduction. *In*: WATTS, Ronald; CHATTOPADHYAY, Rupak (Ed.). *Building on and Accommodating Diversities*: Unity in Diversity. Vol. 1. Forum of Federations, 2008.